Nasıl Kendinizin En İyi Arkadaşı Olabilirsiniz?

Dr. Paul Hauck

Nasıl Kendinizin En İyi Arkadaşı Olabilirsiniz?

"Kendisiyle Barışık Başarılı Bireylerin Kitabı"

Dr. Paul Hauck

rota YAYINLARI

ROTA YAYINLARI • **SİYAH BEYAZ SERİSİ**

09- Nasıl Kendinizin En İyi Arkadaşı Olabilirsiniz?

1. Basım Rota Yayınları, Şubat 1997.

2. Basım Temmuz 1997

Rota Yayın Yapım Tanıtım Ticaret Ltd. Şti.
•Siyah Beyaz Serisi 06- ISBN 975-7805-63-7

Yayın Yönetmeni	:Günseli Özen Ocakoğlu
Çeviri	:Elif İkizler
Dizgi-Tasarım	:Tor Basım Yayın Tic. Ltd Şti.
Baskı	:Kelebek Matbaası

ROTA YAYIN YAPIM TANITIM TİCARET LTD.ŞTİ.
M.Avni Sözen Cad.No:29 Mecidiyeköy 80290 İSTANBUL
Tel:(0-212) 288 30 87-266 98 66 Fax:(0-212) 272 52 30

İÇİNDEKİLER

NASIL KENDİNİZİN EN İYİ ARKADAŞI OLABİLİRSİNİZ

Dr. Paul Hauck, ABD, Illinois, Rock Island'da klinik psikologudur. Amerikan Psikoloji Birliğinin üyesidir ve psikolojinin çeşitli yönleri üzerine birçok ders vermiştir. Profesyonel dergilerde yayımlanan çok sayıda makalesi bulunmaktadır ve aşağıdaki kitapların yazarıdır: “Sakin Olun", "Kıskançlık", "Kendinizi Nasıl Savunabilirsiniz?", "Hedeflere Ulaşmanın Yolları", "Nasıl Sevmeli ve Sevilmeli?", "Depresyon", "Nasıl Kendinizin En İyi Arkadaşı Olabilirsiniz?" ve "Başınızı Dik Tutun".

1

KENDİNİ İHMAL NEDİR?

Yaşamınızın sona ermek üzere olduğunu hayal etmenizi istiyorum. Eriştikleriniz üzerinde iyice düşünerek ölüm döşeğinizde yatıyorsunuz. Kendinize, hayattan gerçekten zevk alıp almadığınızı sorun. Doğduğunuza memnun musunuz? İyi vakit geçirdiniz mi? Arkadaşlarınız, sevdikleriniz gıttiğinizi görmekten gerçekten üzüntü duyuyorlar mı, sizi özleyecekler mi? Eğer hayatınızı yeni baştan yaşayabilseydiniz, kesinlikle aynı şekilde mi yaşardınız? Kendinize dürüstçe "Güzeldi. Heyecanlıydı. Elimden geleni yaptım" diyebilir misiniz? Eğer yapabiliyorsanız, kendini ihmal dediğim şeyden çekmiyorsunuz demektir.

İnsanlara kendini ihmalden ne anladıklarını sorun, birçokları günde iki kez dişlerinizi fırçalamamak, altı ayda bir dişçiye gitmemek ya da düzenli olarak banyo yapmamak gibi şeylerden söz edeceklerdir. Kendini ihmalin bu yanları da besbelli önemlidir fakat ben bu terimi çok daha geniş anlamda kullanacağım. Kısacası, kendini ihmal eden insanlar, kendilerine karşı, azıcık olsa bile, ilgi göstermek konusunda suçluluk hissederler. Bunun sonucu olarak bunalıma girerler. Sağlıkları iyi değildir. Paralarını akıllıca kullanmayı beceremezler. Başkalarının onları çiğneyip geçmesine izin verirler. Arkadaşları, eğer varsa, pek azdır. Hayatın nimetlerinden yararlanmazlar. Aslında hayat, onların yanından geçip gider. Birkaç örnek düşünelim.

Gayle, kocası John'un sadık kölesi olarak mutlu bir evlilik sağlayabileceğini düşünüyordu. Kendi istek ve gereksinimlerini ihmal edip bunların yerine kocasınınkilere hizmet etti - kocası asla banyosunu bile kendisi yapmak zorunda kalmadı! Kocası akşamları onu evde televizyon karşısında bırakıp arkadaşlarıyla dışarı çıktığında, o hiç şikayet etmedi. Kocasına kalsın diye, kendisi için kırk yılda bir para harcadı. Ona göre fedakarlıkları yalnızca kocasının onu daha çok sevmesini sağlayabilirdi. Bazen bunlar ona fazla gelirdi ve itiraz ederdi. Fakat koca kendini kaybedip evi feryatlara boğar ve karısını, onu terk etmekle tehdit ederdi. Kadın kaygı ya da öfke nöbetleri geçirirdi. Geri kalan zamanda da bunalımda olurdu. Periyodik baş ağrıları vardı ve şişmanlamaya başlamıştı.

Mabel, çocuklarının, gelinlerinin, damatlarının ve ailenin diğer üyelerinin kendisini sık sık kendisini ziyaret etmelerini, tatillerini onun evinde geçirmelerini isterdi. Bunu yapamazlarsa canı sıkılırdı. Aynı zamanda kendini olabilecek en açık biçimde ifade etmek gibi acınası bir alışkanlığı vardı ve bunun niçin insanları gücendirdiğini hiç anlamıyordu. Bu yüzden, eğer ailesi ondan uzak durursa, onlara kibirlilikleri için şiddetle saldırırdı. Bu helezon kaçınılmaz biçimde, tüm aile tarafından terk edildiği noktaya dek, kendini besledi.

Tom her iş gününü bir ofis masasında geçirirdi. Geç saatlere kadar işte kalır, eve iş götürür, hafta sonlarında bile çalışırdı. Hiç ciddi şekilde egzersiz yapmazdı. İstediği her şeyden dilediği kadar yiyip, onu ikizlere hamileymiş gibi gösteren bir göbeği olana dek içiyor, diyetine hiç dikkat etmiyordu. Bir gün, yeniyetme oğullarıyla Amerikan futbolu oynarken kalp krizi geçirdi ve öldü.

Audrey elli iki yaşında dul kaldı. Kocası arkasında, hepsi karısına kalan, oldukça büyük miktarda mülk bıraktı. Kadın bir mali danışmandan mesleki öğüt almak yerine, parayla, en iyi olduğunu düşündüğü biçimde yatırım yaptı. Kalan para üzerinde doğru dürüst kontrolü yoktu - akrabalara borç veriyor, gezilerde harcıyor ve düzenli olarak tasarruf hesabından para çekiyordu. Paranın, elinde tutmayı becerebildiği küçük bir bölümüyle emekliye ayrıldı.

Tüm bu insanlar şu veya bu şekilde kendilerini ihmal etmişlerdi. Gayle'in sorunu fazla hoşgörülü ve pasif olmasıydı. Mabel bencil ve saldırgandı. Tom sağlığıyla meşgul olmadı. Audrey para konusunda dikkatsizdi. Belki, bu dört örneğin birinde ya da daha çoğunda, kendinizi veya başkalarını tanıyabilirsiniz. Bunların normal davranış örnekleri olduğunu düşünüyor olabilirsiniz. Aramızda birçok Gayle'ler, Mabel'lar, Tom'lar ve Audrey'ler bulunduğu için, öyledirler. Fakat eğer istemiyorsanız onlar gibi olmak zorunda değilsiniz. Bu kitap size bunu nasıl başaracağınızı gösterebilir.

O halde bu kitapta, size kendini ihmal problemini nasıl aşacağınızı göstermeye koyulacağım. Açıklığa kavuşmuş kişisel çıkar sanatını öğreneceksiniz. Olanaksız bir işe giriştiğimi, çiğneyebileceğimden daha büyük lokma aldığımı düşünebilirsiniz. Öyleyse, kendinize şunu sorun. Hoşnut bir hayat yaşayıp yetenek ve kaynaklarından en iyi biçimde yararlananları, bunları yapmayanlardan ayıran nedir? Belki de onlara, bununla doğma şansını elde edebildiğiniz ya da edemediğiniz, özel bir Allah vergisi bahşedilmiştir.

Hayır, öyle değil. Bildiğiniz gibi onlar da insan! Bir klinik psikologu olarak otuz yıl boyunca yaptığım insan davranışı gözlemlerimle, bunun, ortalama zekası olan, yaşamının denetimini elinde tutacak ve sahip olduklarından en iyi biçimde yararlanacak kadar pratik olan her insanın gücünün sınırları içinde bulunduğu sonucuna vardım. Bizi bunu yapmaktan alıkoyan davranışlar birkaç kategoriye indirgenebilir.

Basit öğütleri izlemek şartıyla siz de bunu başarabilirsiniz. Kendinizin en kötü düşmanı olmayı sürdürmenizin gerçekten hiç gereği yok!

İlk olarak, kendiniz için düşünebilmeyi öğrenmeniz önemlidir. İkinci bölümde, insanların bunu yapmayı başaramamalarının nedenlerine bakacağız. Yetiştirilme tarzları, çocukluk terbiyeleri, dışlanma korkuları, kendine güvensizlikleri, tembellikleri ya da başkalarına onların yerine düşünmek için izin vermeleri yüzünden, düşünmemeye alıştırılmışlardır. Cesaretinizi toplayın ve koyun gibi davranmayı reddedin.

İkincisi, hatalı bir düşünme biçiminden sakınmanız gerekir. Nahif ya da fanatik olan insanların hatalı düşünmeye eğilimli olduğu söylenebilir; tıpkı, düşüncelerine bazı 'uydurmalar', 'boş inançlar' egemen olan, bunları soru sormadan kabullenen kimseler gibi. Bu insanlara üçüncü bölümde bakacağız. Aslında bunlar, ayrıntılı araştırmalara karşı koyamaz.

Üçüncüsü, bunalım, öfke, kıskançlık gibi zararlı nörotik duygulara hükmetmeyi ve işlerinizi ertelememeyi öğrenmelisiniz. Bu duygusal rahatsızlıklara nelerin sebep olduğunu dördüncü bölümde göreceksiniz. Bu bölüm büyük ölçüde Dr. Albert Ellis'in Rasyonel Duygu Terapisi teorisine dayanmaktadır. Ellis bazı duygusal durumları yaşamamıza neden olan birkaç mantıksız inancı tanımlamıştır. Bunların listesini yapacağız ve bunları altüst etmeyi deneyeceğiz.

Dördüncüsü, kendinizi nasıl savunacağınızı, yani fazla hoşgörü ve pasiflikten kaçınmayı, öğrenmelisiniz. Ne kadar mutlu olduğunuz, büyük ölçüde, başkalarından gördüğünüz işbirliği, saygı ve sevgi derecesine bağlıdır. Otoritenizi bazı zararlı duygulara boyun eğmeden ortaya koyabildiğiniz takdirde, sizin için önemli olan kimselerden kolaylıkla işbirliği, saygı, sevgi görür ve bunun böyle kalmasını sağlayabilirsiniz. Beşinci bölümde bunu nasıl başaracağınızı göstereceğiz.

Beşincisi, arkadaş edinmek ve kaybetmemek için gerek duyduğunuz toplumsal becerileri geliştirirken, utangaçlığı yenmeyi, saldırganlık ve bencillikten kaçınmayı öğrenmeniz gereklidir. Bu, altıncı bölümün konusu.

Son olarak, sağlığınıza ve paranıza dikkat etmelisiniz. Bu da yedinci bölümün konusu.

Okumaya devam edin, yalnızca bir kez değil, birkaç kez. Sunacağım her şeyi bir okumayla kavrayamazsınız. Doğal bulmadığınız ya da size uygulanamaz gibi gelen hiçbir fikrimi, deneyene kadar, listeden düşmeyin. Deneyimlerden yola çıkıyorum, tahminlerden değil. Yine kendinizi ölüm döşeğinizde hayal edin. Yaşamınızı yeniden gözden geçirmek ve hayatınızın 'iyi yapılmış bir iş' olduğunu söylemek istemez miydiniz?

2

KENDİNİZ İÇİN DÜŞÜNÜN

Hepimizin yaşamın bize sunduğu problemlerle farklı başa çıkma yolları vardır, Ama yine de, hangisini seçersek seçelim, emrimizde, son derece karmaşık sorunları çözebilen bir organ vardır - beynimiz. O halde, bu kadar çok insanın bunu kullanıma sunmayı başaramaması ne gariptir.

Her birimizin her zaman, bir konuda başkalarından yardım almadan karara varabileceğini söylemiyorum. Karar vermenize yardımcı olacak yeterli bilgiye sahip değilseniz, sizden daha çok şey bilen birinden öğüt isteyin. Fakat, öyle bir nokta gelir ki, ihtiyaç duyduğunuz tüm gerçekler elinizdeyken, kararın verilmesi zorunlu olur ve tek başınıza kalırsınız. Sizin için en iyi olan kararı vermek için, kendiniz için düşünebilmeniz gerekir.

Nasıl Düşünmeyen Biri Olunur?

Bu kitabı okuyan çoğunuz, düşünen biri değilsiniz; kendiniz için düşünmez ya da düşünemezsiniz. Bu, kendini ihmalin, isterseniz kolayca üstesinden gelebileceğiniz bir yönüdür. Bunu yaparken, insanların nasıl düşünmeyen varlıklar haline geldiklerini anlamanız çok önemlidir. Deneyimlerime göre, insanlar, beş ayrı biçimde, düşünmeyen kimseler olmaya alıştırılırlar.

Çocukluk Eğitimi

Yetiştirilme biçimimiz, büyük ölçüde, düşünme becerilerimizi nasıl kullandığımızı belirler. Bazı çocukların kafasına, soru sormadan itaat etmeleri gerektiği, tekrar edile edile sokulmuştur. Onlara söylenenlere inanmaları gerekir. Düşünmemeye, soru sormamaya, akıllarından bir düşünce bile geçirmemeye ve kendi başlarına karar vermemeye teşvik edilirler. Bazı anne babalar ve öğretmenler, kendilerine itiraz edilmesinden korkan, kendi rahatlıkları için çocuklardan meraktan çok, itaat isteyen, katı insanlardır. Bunlar çoğunlukla, sorgulanmaya dayanamayan, çok güvensiz kişilerdir. Onlara göre çocuklar, yalnızca büyüklerine itaat ettikleri, onlara saygı gösterdiklerinde iyilerdir. İlginç ve meydan okuyucu sorular soran çocukların anne babaları için bir sevinç olduklarını, onları büyütmenin bir zevk, onlarla konuşmanın harika olduğunu ve böyle çocukların, canlılık verici yetişkinler haline geleceklerini hiç akıllarına getirmezler.

Bazen anne babalar gölgede bırakılmaktan korkarlar. Belki de başka hiçbir alanda otoriteleri yoktur, bu yüzden evlerinin şatoları, çocuklarının da tebaaları olduğundan emin olurlar. Aslında, çocuklarının, onların sahip olduklarından daha fazla şeyler istemesi bir hakaret sayılmaktadır. Müşterilerimden biri bana, babasından daha çok yükselmeyi arzuladığını fakat hem annesi hem de babası tarafından sürekli bastırıldığını söyledi. Annesi şaşırtıcı biçimde, birden çok kez şöyle söylemişti: "Bir dakika bile babandan daha iyi olduğunu düşünme. Fabrikada çalışmak onun için yeterince iyiydi ve senin için de yeterince iyi. Onun için tepeden bakan havalara girme. Dünyadaki yerini bil."

Bir çocuğa söylenebilecek bundan daha cesaret kırıcı sözler var mıdır? Bir delikanlı böyle bir şey söylendikten sonra kendisi için düşünmeye nasıl cesaret edebilir? Sevgi yalnızca, çocuk bilgisiz ve itaatkar kalırsa verildiğinden, bu tür yetiştirme tarzından hiçbir ilerleme çıkamaz. Çocuğun doğal merakı ve zekası, bu dünyanın 'neden'lerini, 'niçin'lerini anlamaya çalıştığında her zaman kınamayla karşılaşır. Bu tür bir yetiştirme, çocuğun beyninin alıştırma yapamasın diye uyuşturulmasıyla eşdeğerdir. Tahminde bulunmasına, fanteziler kurmasına, düşlemesine ve özellikle de farklı düşünmesine izin verilmediğinde nispeten işe yaramaz bir organ haline gelir.

Dışlanma Korkusu

Biz insanların sahip olduğu en büyük iki korku, dışlanma ve başarısızlık korkularıymış gibi görünmektedir. Birçok durumda, başarısız olmak aslında dışlanma korkusunun sonucudur. Biri, başarısız olursa, kimi zaman dışlanır. Bu yüzden dışlanma korkusunu yaygın korkuların en büyüğü, hata ve başarısızlık korkusunu da ikinci en sık görülen ve en ciddi korku olarak görmemin nedeni de budur.

Görüşleri yanlış olabileceği için aşağılık duygusuna kapılacak olsalar, ne kadar az insanın sorgulayan ve farklılık gösteren düşünceler geliştireceğini bir düşünsenize. Aynı şekilde, eğer biri, sonucun önemli kişilerce dışlanmak olmasından korkarsa, ne kadar az düşünce üretilirdi.

Dışlanmaktan bu denli korkmamız ne kadar acıklı. Yaşamımızda, her zaman, bizim için önemli olan kimselerin onay ve sevgisini almamız gerekliymiş gibi hareket ederiz. Çocuklar için bu tabii ki, mantıksız bir kaygı değildir. Fakat bu, aynı şiddetle gençlerde ve olgun yetişkinlerde de görülür. Yakınlarımızla fikirlerimizin uyuşmamasının sonucu genellikle ne olur? Her zaman dışlanır mıyız? Her zaman işten atılır mıyız? Her zaman okuldan uzaklaştırılır mıyız? Zayıf olasılıkla. İşin doğrusu, yaygın kanı, en çok saygıyı en özgün biçimde düşünenlerin gördüğüdür. Böyle insanlar derhal, liderlik niteliklerine sahip, parlak ve yalnızca egemen olan tavırları dile getirmekten çok, duruma bir şeyler ekleyebilen insanlar olarak görülürler.

Gerçekten düşünen biri olmak için, hafif bir dışlanma riskini göze almanız bir dönüm noktasıdır, çünkü dışlanmak, kendi içinde acı verici değildir. Dışlanmak, bazen rahatsız edicidir ve bize bir ilişkiye mal olabilir; fakat mankafa durumuna düşmek pahasına bir ilişkiyi sürdürmeniz kadar ciddi değildir. Siz o hale getirmedikçe, dışlanmak acı verici değildir. Belli birinin sevgi ve saygısına ihtiyacınız olmadığını bir kez kafanıza yerleştirdiniz mi, tam gelişiminizi engelleyen baskıları değiştirirsiniz. Diledikleri her şeyde fikirlerini paylaşmanızı isteyen kimseler sizin arkadaşınız değildir. Sizi alıkoymaktadırlar. Samimi, ilgili biri, size düşünme ve belki de aynı fikri paylaşmama özgürlüğü tanıyarak gelişiminizi destekler. Düşünceleriniz aptalca olabilse de, hangi konuda olursa olsun, açıklığa kavuşturulmaları, incelenmeleri, tartışılmaları ve sonra da belki, geri çevrilmeleri için, onları dile getirmeniz her şeye rağmen daha iyidir. Eğer onları kendinize saklamanız için zorlanırsanız, bir şey öğrenmek için en küçük bir şansınız bile olmaz.

Cesurca ve hayal gücünüzü kullanarak düşünmek, genellikle farklı biçimde düşünmek anlamına gelir. Farklı düşünmek, aramızdaki, değişimden ve sevgili inançlarına savaş açılmasından hoşlanmayan, güvensiz insanlar için tehdit edici bir şeydir. "Hangi cüretle böyle düşünürsün? Seni her zaman böyle haklı yapan nedir? Kim olduğunu sanıyorsun, Tanrı mı?" diyen biri, başka bir insanın gelişimine karşı feci bir kabahat işlemektedir. Başka insanların söyledikleriyle uyuşmazlığa düşüyorsak, bırakın öyle olsun. Uyuşmayalım. Ve insanların inançlarını tartışalım, görüşelim, bunlara meydan okuyalım. Fakat Tanrı aşkına, asla, onlara bazı farklı düşüncelere sahip olamayacaklarını söylemeyelim. Bunda ısrar edersek, fikren uyuşamadığımız kimseden daha büyük bir kusur işlemiş oluruz.

Kendine Güvensizlik

Gerçekte, düşünmek için hiç ikaz edilmemiş kimselerde her zaman bir aşağılık duygusu bulunur. Kendimize karşı bir kuşku tohumuna sahip olduğumuzda ve kendimize güvenmediğimizde, cesurca ve heyecan verici biçimde düşünmek bizim için çok zorlaşır. Genellikle şöyle meraklanırız; "Ben kimim ki kendimin haklı ve başka herkesin haksız olduğunu düşünüyorum? Ben bir hiçim, eğitimsizim, öyleyse nasıl haklı olduğumdan bu kadar eminim?"

Eğer aşağılık duygularınızın, özgürce düşünmekten korkmanıza yol açmasına izin verirseniz, dünyanın en üretken aklına sahip olsanız bile, yine şaşırtılıp, susturulursunuz. Kabul edelim, bazı parlak fikirler, tarih boyunca bize ilk bakışta saçma ve aptalca görünmüştür. Örneğin, dünyanın düz olduğuna inanıldığı günlerde, yuvarlak olduğunu söylemeye cesaret eden birine, en iyi ihtimalle, gülünür, en kötü ihtimalle ise işkence yapılırdı. Tüm insanların eşitliği, her ırkın potansiyel olarak diğeri kadar yetenekli olduğu, kadınların erkeklerle eşit sayılması gerektiği, bu görüşlerden her biri kuşku ve alayı yenmek zorundaydı. İnsanın aya gidebileceği düşüncesi de küçümsemeyle reddedilirdi.

İnsanın ilerleme tarihi, bir zamanlar gülünç bulunan ve sonra tamamen kabul edilen inançların örnekleriyle doludur. Bugünün saçmalığı, yarının gerçeği olabilir. Pratikte, her büyük fikir, doğabilmek için, bilgisizlik ve direnme kabuğuna karşı savaşmak zorundadır. Ama mücadele, başkalarından aşağı olduğunu düşündükleri için yanıldıklarını ve zengin, güçlü ya da eğitimli kimselere boyun eğmeleri gerektiğini hisseden insanlarda, meydana gelmeyecektir. Zenginin, eğitimlinin ya da güçlünün bu statüyü, daha bilgili olduğu için elde ettiği görüşünde bir doğruluk payı olabilir. Fakat bu nadiren, onların söyleyecekleri her şeyin doğrulukla kutsanacağı ve başka herkesin söyleyeceklerinin yanlış olacağı anlamına gelir. Zengin, güçlü ya da eğitimli olmak hiçbir şekilde, bu insanların inançlarının çoğu zaman doğru, daha şanssızların inançlarınınsa her zaman yanlış olduğunun garantisi değildir.

Aşağılık kompleksi, beyin yıkama yeterince erken ve şiddetli olursa, herkese telkin edilebilen, psikolojik durumların en ciddisidir. Bir dahi bile, eğer kusurları bitmez tükenmez biçimde hatırlatılırsa ve başarıları için saygı ya da teşvik görmezse, kendini değersiz bulmaya başlayabilir. Hataların bizi değersiz kıldığı düşüncesinden bir kurtulduk mu, kendimizle gururlanma duygusunu geliştirmeye ve çabalarımızın, yetersiz de olsa, bilgiye erişmek için sağlıklı adımlar olduğunu anlamaya başlayabiliriz. Belli bir bakımdan aşağı olsak da insan olarak aşağı değilizdir. Hatalar korkunç değildir, başarısızlığı belirtmezler ve elbette aşağı biri olduğumuzu da göstermezler. Daha fazla bilgiye ve daha yüksek başarı düzeylerine giden merdivenin çok önemli basamaklarıdır. Bir hata, ebediyen mermere kazılmış bir şey değildir. Bir defa yanılmış olmanız, bir daha asla haklı olamayacağınız anlamına gelmez!

Tembellik

Düşünmek, enerji ister. Düşünmek, koşunun beden için egzersiz olması gibi, beyin için bir egzersizdir. Aşırı kilolu insanlar, onları fiziksel olarak iyi durumda tutacak egzersizden uzak durdukları için kilo alırlar ve gittikçe daha güçleştiğinden, daha az egzersiz yaparlar. Bana kalırsa aynı şey beyinde de olur. Eğer bir düşünme tembeliyseniz, düşünmemek, sizin için daha kolaylaşır. Ne kadar az düşünürseniz, düşünmeyi o kadar az istersiniz.

Belki, koşuya başlayıp fiziksel formuna kavuşan birini tanıyorsunuzdur. Bu insanın bedenine yaptığını, siz de beyninize yapabilirsiniz. Hem bunu yapmak için soğuk, dondurucu sabahlarda, cesaretinizi toplayıp kendinizi dışarı atmanız gerekmez! Eğer biri size bir şey söylerse ve bunun doğru olmadığına ilişkin bir kuşkunuz varsa, kendinizi, doğru olduğuna ya da olmadığına ikna olana dek bunun üzerinde düşünmeye zorlayın. Bunu ne kadar çok yaparsanız, o kadar kolaylaşır - ne kadar çok koşarsanız o kadar uzağa ve hızlı koşabilirsiniz. Ve sakın düşünemediğinizi söylemeyin. Söylenen şeyin doğru olmadığına dair kuşku duymanız, düşünmeye, fazla ilerlemedinizse de, başladığınız anlamına gelir. Bunu düşünün!

Başkalarından Alınan Fikirler

Kendiniz için düşünmeyip, bunu başkalarının, belki yetkili kişinin, uzmanların, 'ne dediğini biliyor olması gerekenlerin' yapmasına izin vermek çok kolaydır. Sayılan otoritelerin ve toplumun inançları genellikle doğru olurmuş ve sorgulanmaması gerekirmiş gibi düşünürüz. Yaşamınızı, başkalarının size yaşamanızı söylediği biçimde yaşarsınız. Bundan farklı bir şey yapmak için tahrik olduğunuzda suçluluk duyarsınız. Ama durun ve bir an için bunun sonuçlarını düşünün. Eğer hiçbir şey sorgulamaya açık olmasaydı, eğer hiç kimse özgün bir düşünce üretmeseydi, hiçbir şey keşfedilmez, icat edilmezdi ve toplum sadece yerinde sayardı. Ama toplum yerinde saymıyor. İnsanlar günümüze ulaşan fikirleri sorguluyorlar ve toplum ilerliyor.

Başka insanlar eğilime karşı gelip, özgün fikirler üretirler. Eğer isterseniz, kimse aynısını yapmanızı engelleyemez. Kendiniz için düşünmek, her sözün veya inancın, başkaları ne derse desin, doğru ya da yanlış olabileceği görüşünden yola çıkmak ve bunu kendiniz için incelemek, bir cesaret işidir. Bu girişimde cüretli olun. Fikir ne kadar kutsal olursa olsun, onu kabul edip etmemeyi seçmeye cesaret edin. Seçtiğiniz gibi düşünmekte özgürsünüz.

Sonuç

Çoğumuzun koyun olduğunu kavramanın zamanıdır. Biz takipçileriz ve yeterince etkileyici görünen herhangi birine inanırız. Düşünmeyiz, sadece uyarız. Sıradan sürünün ters yönüne gitmek, görünüşe göre, insanlar için çok zor bir şeydir. Kendiniz için düşünmeye istekli olmazsanız, yaratıcı bir insan, büyük ihtimalle pek ilginç biri de, olamazsınız. Ancak eleştirilmekten korkmadığınızda, orijinal çizgiler boyunca düşünmek için yaratıcı güçlerinizi serbest bırakmış olursunuz.

California Üniversitesi'nde yürütülen bir çalışma, yaratıcı zeka yüksek puan elde eden kişilerin huylarını inceledi. Bazı ortak özellikleri olduğu görüldü: Duyarlık, ani hareket etme, yasaklardan yoksunluk, aktif olma arzusu ve adet haline gelen şeylere karşı saygı eksikliği. Bir insanın gösterebileceği en büyük cesaret, doğru görünen bir fikri ilerletmek ve yanlış görünen bir fikre karşı koymaktır. Bağımsız düşünme yeteneği, kusurlarımızın çoğunu yenebilir. Eğer bir şeyden korkacaksanız, düşünmemekten korkun.

3

HATALI DÜŞÜNME

Kendinize karşı sağlıklı bir ilgi geliştirmeye, kendinizi ihmal etmeyi bırakmaya doğru önemli bir adım, yaşam konusunda açıkgöz olmayı öğrenmektir. Yaşam konusunda açıkgöz olmak, kolay aldanır ya da saf olmamaktır. Pratik olmakla, konuyu saptırmadan meselenin özüne inmekle, aslında ne olduğunu görmek için bir konunun dış yüzeyini kazımakla ilgilidir. Elbette, kendiniz için düşünmek zorundasınız. Fakat hatalı düşünmeden de kaçınmalısınız. İnsanların kendilerine karşı haksızlık etme biçimlerini incelerken, çoğu kez bunun sorumlusu olan hatalı düşünmenin üç ayrı kategoriye girdiğini gördüm: Uydurmalar ve batıl inançlar, fanatiklik ve saflık. Her birine sırayla bir göz atacağız.

Uydurmalar ve Boş İnançlar

Uydurmalar ve boş inançlar derken, hepimizin çocukken maruz kaldığımız alışılmış batıl inançları söylemiyorum. Önünüzden geçen kara kedinin güya getirdiği kötü şansı ya da bir ayna kırdığınızda başınıza gelecek sayısız korkunç şeyleri demek istemiyorum. Kazayla tuz dökerseniz, sol omzunuzun üzerinden tuz fırlatıp fırlatmamanızın şimdi söylemek istediğimle hiçbir ilgisi yok. Size hayaletlerin, hortlakların varlığıyla ilgili soru soracak da değilim. Bu çocukça inançları bıraktığınızı ve bunları, Noel Baba ile ilgili inançlarınızı koyduğunuz yere koyduğunuzu varsayacağım.

Benim söz ettiğim, birçok insanın bütün hayatları boyunca, inanıp iç içe yaşadığı ve çoğunlukla zarar gördüğü uydurmalar ve boş inançlar. Bazılarında bir zerre doğruluk vardır, fakat onlara çok fazla inandığınızda sizi ilerlemekten alıkoyarlar. Bunları sorgulamak hiç aklınıza gelmemiş olabilir, Bu yüzden, bunlara inanmanın size ne kadar zarar verdiğini anlayamayabilirsiniz. Bazı örnekler vereyim.

"Dilediğiniz her şeyi yapabilir, istediğiniz her şey olabilirsiniz." İnsan türünün akıl almaz sayıda şaşırtıcı şeyler yaptığı ve yapabildiği tamamen doğrudur. Bilimin mucizeleri, mimarlığın harikaları, müzik ve resmin zaferi, hepsi insan dehasının ürünleridir. İnsan, aya indiğinde, yalnızca, olanaksız gibi görüneni yapma geleneğini sürdürüyordu.

Fakat, bu fikri, bazı ana babaların, çocuklarını, onları aşan zirvelere ve hayallere zorladıklarında yaptıkları gibi, fazla ileri götürmek de mümkündür. Önümde hevesi kırılmış, bunalıma düşmüş ve kendini yetersiz hisseden genç fen fakültesi öğrencisi, yeterince çalışırsa her şeyin mümkün olacağı düşüncesiyle yaşamıştı. Ona, çalışması ve onu lisansüstü çalışmalara, sonra da rahata ermesini sağlayacak bir mesleğe girmesine olanak verecek notlar alması söylenmişti. Fakat bilimle uğraşmaya uygun biri değildi. Sanatla meşgul olmak istiyordu. Ne kadar denediyse de, basitçe, fiziği, matematiği ve organik kimyayı beceremiyordu - yeterince zeki olmadığından değil, yalnızca, o tür şeylerle uğraşmak için gereken türde bir kararlılığa sahip değildi. Farklı zeka türlerinin bulunduğunu anlamıyordu. Bazılarımız yazabilir ya da resim yapabilir ama dans edemez, başkaları atletizmde yeteneklidir ama matematiği beceremezler. Ve bazılarımız, ne kadar çok çalışsa da, ana babalarımızın, öğretmenlerimizin iyi niyetli zorlamalarına karşın, sürekli, yüreklerimizi ve ruhlarımızı ortaya koyarsak her şeyi yapabileceğimizde ısrar eden insanlar tarafından belirlenen hedeflere asla ulaşamayız.

Öyleyse, kendinize karşı nazik olun. Doğal yeteneklerinizin ötesinde bir şeyi başaramadığınızda, yetersizliklerinizden ve kendinizden nefret ederek, kendinizi ihmal etmeyin. Bunu yaparsanız, kendinizi incitirsiniz. Bunun sonucunda hissedecekleriniz, en azından, başarısızlık, suçluluk ve beceremediğiniz, yalnızca başka yönlerde yetenekli göründüğünüz için her şeyi yapabileceğinizi hissedenleri düş kırıklığına uğrattığınız için, bunalım duygusudur.

"Para bütün kötülüklerin kaynağıdır." Söz edeceğim diğer boş inançlar gibi, bunun özünde de bir gerçeklik vardır. Para ve servet avı, cidden insanları, dehşet sınırlarına sürüklemiştir. Cinayet, eziyet, hile ve başka rezil insan davranışları, karşı konulmaz servet kazanma dürtüsüne doğrudan bağlanmıştır.

Fakat, bu uydurmayı harfi harfine kabul ederseniz, kendinizi, bu dünyada mümkün olan en büyük zevklerden, güvenlikten ve rahatlıktan yoksun bırakırsınız. Eğer paraya sahip olmak böyle pis bir şeyse, neden dünyadaki en yoksul insanlar en mutsuz olanlar arasındadır? Kenar mahallelerdeki insanlara, şehir merkezinde yaşayan insanlarla yer değiştirip değiştirmeyeceklerini sorun. Eski araba sahiplerine ve zor kazanılmış dolarlarını onların onarımına harcayanlara, yeni bir araba için kollarını feda edip etmeyeceklerini sorun.

"Hayatta en iyi şeyler bedavadır", bununla yakından ilgili bir boş inançtır. Sanki biri bizi çok çalışmamaya ve maddi servet için uğraşmamaya ikna etmeye çalışıyor gibidir. Hayattaki en iyi şeyler dünyaya mal olur. Temiz su bedava gelmez. Temiz hava çok pahalıdır. Yiyecek bedava değildir, giyim, barınma ve yaşamı konforlu kılan hemen hemen hiçbir şey bedava değildir. Kumda güneşleneceğiniz, elinizi uzatıp bir muz koparabileceğiniz Güney Denizi'nde durum pekala

farklı olabilir. Öyle bir ortamda para önemli değildir. Yine de neredeyse uygar bir toplumun bulunduğu her yerde, para bir hayli iyiliğin kaynağıdır.

Para sevgisi, eğer aşırılığa götürülürse, birinin kendisi ve başkaları için yapacağı iyiliklerden çok, paranın kendi hatırına sevilecek kadar tüketici hale gelirse, gerçekten kötüdür. Ne yazık ki, saf ve kendini ihmal eden kimseler, rahata erdiklerinde pek dertlenirler, emeklerinin meyveleri yüzünden çok suçluluk duyarlar. Her zaman yoksul olmuş genç bir hanım, sigorta acenteliği işine girdi ve hiç hayal etmediği komisyonlar almaya başladı. Bu yeni servetin ona verdiği suçluluk yüzünden bana başvurdu. Ona hep paranın kötü olduğu öğretildiğinden, bu kadarına sahip olamayacağını zannettiği için, ciddi olarak işini bırakmayı düşünüyordu. Ne üzücü!

"Her şerde bir hayır vardır." Eğer böyleyse, dağ yamacındaki bir İtalyan köyünü yok eden bir depremin nesi harikadır? Ailenizden birinin boğulmasında harika olan ne vardır? Yaralanmanın ya da sefalet içinde yaşamanın, kaçırılmanın ya da öldürülmenin nesi bu kadar harikadır?

Bütün bu durumlar, tümüyle berbattır. Kurbanlara derin acılar çektirirler. Eğer hala, bu tür şeylerde büyük fazilet olduğuna inanıyorsanız, fikirlerimiz uyuşmuyor demektir. Eğer her kötü durumun en iyi tarafını görmeye çalışmamız gerektiğini söyleseydiniz, sizinle aynı fikirde olurdum. Ama bu, başımıza gelen bütün kötü şeylerin aslında iyi şeyler olduğunu söylemekle pek de aynı şey değildir.

*"Her şey olacağına varır."*Bu, kulağa, güçlükle sorgulanacak bir ifade gibi gelmektedir. Kendi kendini kanıtlar gibi görünmektedir. Örneğin, olacak bir şey nasıl olmayabilir? Bu ifade, yaşlanmak ya da bir mevsimin bir diğerini izlemesi veya büyük olasılıkla insanlar arasında her zaman savaşlar olacağı gibi bazı olayların kaçınılmazlığını anlatmaktadır. Belli

şeylerin olacağını ve bazıları hakkında yapabileceğimiz hiçbir şeyin olmadığını kesin sayarız.

Bu, 'bilgelik' parçasını, ona başka bir açıdan bakarak, sorguya çağırmak istiyorum. Düşünce biçimleri hatalı olan insanlar, yanlış bir şekilde, bazı olayların kaçınılmaz olduğuna inanarak ve bu kaderi kabul ettikten sonra, bir olayı tahmin edip olmasını sağlayarak, kendilerine zarar verebilirler: Kendi kendini gerçekleştiren kehanet. Bir örnek vereyim. İkinci Dünya Savaşı sırasında sık sık askerlerin, onlara çarpan bir havan topu mermisinin ya da kurşunun üzerinde onların 'numarası' yoksa kaygılanmamaları gerektiği yorumunu duyardım.

Bu kanının ne kadar saçma olduğuna dikkat edin. Eğer kafanızı yere yapıştırıp vurulmamayı başarırsanız, şanslı olduğunuzu söylemekte haklı olursunuz. Ama hiçbir kurşunun üzerinde numaranız olmadığı için vurulmadığınızı söylemek anlamsızdır. Hepsi sizi ıskaladı ve hala hayattasınız. Eğer düşman daha iyi nişancı olsaydı, kurşunlardan herhangi biri üzerinde sizin numaranızı taşıyabilirdi. Vurulmadınız çünkü şanslıydınız.

Benzer biçimde, bazı insanlar tehlike veya şans içeren davranışlara -örneğin kumar oynamak-, ya da çocukların hangi okula yollanacağı veya bir yolculuğa çıkılıp çıkılmayacağı gibi basit, her günkü kararlara karşı kaderci bir tavır takınırlar. Bu insanlar, uçağa binerler ve kaderlerinde kaza geçirmek olmadıkça, kaza geçirmek konusunda endişelenmenin anlamı olmadığını düşünürler. Nasıl da kaderlerinin görünmez bir güç tarafından kontrol edildiğine inandıklarını görüyor musunuz? Olayların istedikleri gibi gelişmelerini sağlamanın onlara bağlı olduğu gerçeğini takdir etmek yerine, yaşamlarının denetiminden feragat ederler.

Benim tavsiyem, Shakespeare'in yazgımızın yıldızlarda değil kendimizde olduğunu telkin ettiği zamanki bilgeliğini takip etmektir.

"Adaletin gözü kapalıdır" Eğer adaletin gözü gerçekten kapalıysa, bundan masumun her zaman serbest bırakılacağı, suçlununsa hep cezalandırılacağı sonucu çıkmalıdır. Güç ve nüfuzun, bir jüri kararı üzerinde hiç etkisi olmaz, insanın renginin ve dininin de. Eğer adaletin gözü kapalıysa, hukuki sistem, her zaman mükemmel biçimde işlemek, tartışmanın 'yanlış' tarafındaki avukatlar da hep kaybetmek zorunda olur. Hakimler, daima Solomon'lar olmalı, hiç kötü günleri olmamalı, hiç yataktan ters taraftan kalkmamalı ve asla, dikkatlerini mahkemedeki ağır görevlerinden başka yöne çekecek ailevi sorunları bulunmamalıdır.

Besbelli bu, hayali bir uçuştan fazla bir şey değildir. İnsanoğulları mükemmel olmaktan çok uzaktır. Hepimiz bazen az çok mantıksız, duygusal ve plansız oluruz. Bu bileşimden kör adalet çıkarmak mucize isterdi.

Kendiyle ilgili insan, yalnızca mahkeme davası, elinde terazi tutan gözü bağlı bir kadınla sembolize edildiği için, adaletin dağıtılacağını söyleyen saf fikri edinmez. Mantıklı ve pratik olup tutabildiğiniz en iyi avukatı tutmanız önemlidir. Hukuk konusunda elinizden geldiğince bilgi edinin. Avukatınıza yardım edecek ve davanızı olabildiğince güçlü kılacak kesin notlar alın, çünkü adaletin gözü kapalı değildir.

"Ahlakı kanun haline getiremezsin." Bu, rastladığım boş inançların en tuhaflarından biridir. Hızlı bir inceleme, iyi davranmamızın üç nedeni olduğunu gösterecektir. İlki, uygun ve doğru şeyi yapmanın, basitçe, uygun ve doğru olduğuna inanmamızdır. Örneğin, kimsenin bana birini trafiğin ortasına itmememi söylemesine gerek yoktur. Bunu, yalnızca kanunlara karşı olduğu için değil, bunun aptalca ve zalimce bir şey olduğunu düşündüğüm için yapmıyorum. Vergi ödememin

nedeni de aynıdır. Bir hükümetin, yollar, polis koruması, askeri savunma ve başka binlerce hizmet sağlayabilmek için vatandaşlarının desteğine ihtiyaç duyduğu kanısındayım. Bunları yapmasını sağlayacak gelire de gereksinimi vardır. Vergi ödemek hoşuma gitmeyebilir ve ödemem istenen miktara her zaman razı olmayabilirim - ama bu, konunun dışındadır.

Uygar ve saygıdeğer insanlar gibi davranmamızın ikinci nedeni, dinlerimizin bazı davranışların ahlaka aykırı olduğunu söylemesidir. Bize, örneğin, çalmamamız ya da zinaya kalkışmamamız veya öldürmememiz gerektiği söylenir. Tanrı tarafından cezalandırılma ya da cehenneme gönderilme korkusu, insanları doğru yolda tutmaya yarayan güçlü bir dürtüdür.

İnsanların iyi davranmalarının üçüncü nedeni, hukukun onlara bir yükümlülük vermesidir. İncelediğimiz kanunlardan birçoğunun, böylesinin doğru ve uygun olduğunu, aksinin dinimize aykırı olacağını düşündüğümüz için bağlı kaldığımız davranışlarla ilgili olduğu doğrudur. Örneğin, çocukları kötüye kullanmak, yalnızca uygunsuz bir şey değildir, çoğu uygar toplumda yasaya da aykırıdır. Ama hız yapmayı alın. Emredilen hızda araba sürmenin doğrulukla ve de dininizle ilgisi bulunmadığını düşünebilirsiniz ama yine de bunu , böyle yapmazsanız ceza yiyeceğiniz ya da hapishanede bir süre geçireceğiniz için, yaparsınız. Davranışlarımızın büyük bir bölümü, yasal olup olmadıklarına göre denetlenir. Eğer belirli hareketler için para cezasına çarptırılarak, haciz ya da cezaevi mahkumiyetiyle cezalandırılacaksak, elbette bu hareketlerde bulunmaya eğilim duymayız.

Kendinize karşı ilgili biri olarak, yaşamınızdaki bazı davranışlardan memnun değilseniz, bunları değiştirecek kanun ya da kuralların kabul edilmesi için çalışın. Ahlakın yasalaştırılamayacağı fikrini edinmeyin. Ahlak sık sık yasalaştırılır. Örneğin, insanların ofisinizde sigara içmelerinden hoşlanmıyorsanız, başka insanların havayı kirletmemesini engellemek için bir kanun geçirin. Ev sahiplerinin sizi, kirayı ödeyemediğiniz ilk gün evinizden atmalarının yanlış olduğunu düşünüyorsanız, ödemenizi yapmanız için size süre tanıyan bir yasayı desteklemekte tereddüt etmeyin. Kadınların hamile olduklari için işten kovulmalarının yanlış olduğu kanısındaysanız, bu tür muameleyi önleyecek bir kanunu destekleyin.

Bunlar ve bunun gibi binlerce davranışın hepsi ahlaki niteliktedir, çünkü işe karışan insanların tarafsızlığı, güvenliği ve iyiliğiyle ilgilidir. Kendine karşı ilgili insanlar bunu bilirler. Toplumdan ne beklemeye hakları bulunduğu konusunda uyanıktırlar ve işe nasıl girişileceğini bilirler. Kendine karşı kayıtsız insanlar, buna inanmazlar, onun için, yaşamlarını, durumlarını iyileştirmek için sayısız fırsatları görmezlikten gelirler.

"Önemli olan prensiptir." Bir hareketin uygun mu uygunsuz mu olduğuna karar vermek istediğinizde, bilerek ya da bilmeyerek kendinize, hareketin belli bir ahlaki kuralı izleyip izlemediğini sorarsınız. Örneğin, çocuğunuz cüzdanınızdan birkaç peni çalarsa, ahlaki bir prensip bozulduğundan, çocuğunuzu cezalandırmakta tamamen haklı olduğunuzu hissedebilirsiniz. Bu bakış, bir hareketin yalnızca, ona bağlı bir derece ahlaksızlık bulunduğu ve bunun büyük ya da küçük bir ahlaksızlık olması pek bir şey fark ettirmediği için yanlış olduğu düşüncesini gerektirir.

Ben bunun yanlış olduğunu düşünüyorum. Bazı davranışlarda yanlış olan, davranışın kendisi değil, onun vardığı derecedir. Küçük bir yalanın büyük bir yalan kadar kötü olduğuna inandığınız için gerçeği her ayrıntısıyla anlatmayı adet edinirseniz, arkadaşlarınızı kaybedersiniz. Size göre yalan yalandır ve yalanın büyüklüğünün konuyla ilgisi yoktur. Çalmak hakkında da aynı şeyi söyleyebilirsiniz. Eğer çalmak kötüyse, birinin bir dolar ya da yüz bin dolar çalarken yakalanmasının önemi yoktur. Suç aynıdır.

Bu ayrımı yapmayan insanlar, kendilerine karşı kayıtsızdır. Tüm kötü hareketlere aynı şekilde muamele ederler. Bir yanlışlık, en az bir diğeri kadar kötüdür. Bu sistem altında adalet, gürültüyle suya düşer. Hükümeti milyonlarca dolar dolandıran şirket yöneticileri hapis cezası çekmezken, nasıl olur da Florida'da beş dolar çalan küçük bir kız beş yıl hapse gönderilebilir? Şirket yöneticilerinden yalnızca, kötüye kullandıkları parayı geri vermeleri istendi ve iş böylece kapandı. Adaletin yerine gelmesi için, genç kız azarlanmalı ve ortaklık yöneticileri de hapse gönderilmeliydi.

"Dürüstlük en iyi politikadır." Size zorluk çıkaran insanlara karşı tamamen açık ve dürüst olmak, elbette çok iyi bir alışkanlıktır. Şikayetlerinizi tam olarak ve özür dilemeden belirtmezseniz, diğer kişinin sorununuzun ne olduğunu anlamasını ve bu yüzden de sorununuzun çözülmesini sağlayamazsanız. Biriyle aranızda anlaşmazlıklar olduğunda ve çok önemli, tatsız bir konuyu çözmeniz gerektiğinde, dürüstlük, tartışmasız en iyi politikadır. Yine de, yalnızca, dürüstlük bu durumlarda en iyi politika olduğu için, insanlar dürüstlüğü, hemen hemen diğer tüm durumlarda da daima en iyi politikaymış gibi kabul ederler.

Bu fikre katılmıyorum. Büyük bir sonuç söz konusu olmadığı zaman, birine karşı dürüst davranmanın yalnızca zalimlik haline geldiği durumlar aklıma geliyor. Böyle durumlarda uygar ve nazik bir insan sevdiğini ya da arkadaşını acımasızca bir dürüstlükle incitmez. Gelin, bununla yüzleşelim; dürüst olmak bazen, insanların duymaları gerekmeyen şeyleri de öğrenmeleri anlamına gelir. Gerçekle yüzleşmek, çoğu kez acı verici bir deneyimdir. Eğer gerçekle yüzleşmenin büyük bir yararı olmayacaksa, gerçeğin ortaya çıkması için bu kadar dürüst olmakta neden ısrar edelim ki? Doğruculuğun medeniyetsizlik, kabalık ve tam bir zalimlik olduğu zamanlar ne olacak?

Biri ölmek üzereyse ve size, ondan şikayetiniz olup olmadığını sorarsa, acımasızca dürüst olup, ona karşı tüm hoşnutsuzluğunuzu dile getirir miydiniz? Yapsaydınız katı yürekli bir sersem olurdunuz. Ölmekte olan arkadaşınıza, hep onun cimri bir adam olduğunu düşündüğünüzü söylemek neye yarardı? Bir insanın bu dünyayı terk etmek üzere olduğu anda, böyle bir dürüstlükle ne kazanılır ki?

Dalkavukluk, çoğu kez beyaz yalanlar söyleme meselesidir. Bir kadın elbisesini ya da saçını beğenip beğenmediğinizi sorduğunda, neden zorla dürüst olmalı? Bütünüyle çirkin değilse ve korkunç göründüğünün ona söylenmesi gerçekten gerekmiyorsa, ne yapıp edip ona nefis göründüğünü söyleyin ve iyi hissetmesini sağlayın. İnsanlar böyle durumlarda ilk önce gerçeği istemezler. Giyim tercihleri ya da güzellik anlayışları konusunda onlarla aynı fikirde olmanızı isterler. Böyle bir zamanda teknik olmak ve kadının saçını daha koyu renge boyaması gerektiğini söylemek patavatsızlıktan başka bir şey değildir.

Çocuklar en küçük başarılarına bize getirdiği zaman, hepsi gülümser ve kalplerinde sevinçle, ne düşündüğümüzü sorarlar, ne söylememiz beklenir? Çocuğunun resmine "Sevgilim, bu sanat değil. Beş para etmez. Bunu birçok kez yapmak ve doğru dürüst yapana kadar dersler almak zorunda kalacaksın." diyen bir ebeveyn, tam anlamıyla çocuğunun kendine güvenini altüst etmektedir. Dürüstlük böyle bir zamanda istenmez. Tabii ki altı yaşındaki bir çocuk , bir başyapıt çizmeyecektir. Öyleyse ne olmuş? Çocuğun çabalarının dikkat çekici olmasını beklemeyiz ve bunun yerine şöyle diyebiliriz "Oh, Jimmy, bence iyi gidiyorsun. Yapabileceğini düşündüğümden çok daha iyi. Böyle devam et. Özellikle şu evi çizişini beğendim." Bu yalancılık değildir, yalnızca, resmin epey acemice olduğu gerçeğini, ki bunun iletilmesi hiç gerekmez, görmezlikten gelmektir.

Dürüstlük, çalışma ortamınızda da, her zaman en iyi ve en anlamlı hareket yönü değildir. Eğer patronunuz güvensiz bir adamsa ve önemsiz bir konuda onunla aynı fikri paylaşmanıza gerek duyuyorsa, neden bunu yapmayasınız? İşinize değer veriyorsanız ve bu adamın iltifat beklediğini biliyorsanız, neden ona iltifat etmeyesiniz? Bir konuşma yaparsa ve siz ona çok iyi olduğunu söylerseniz, gerçeği biraz saptırıyor olabilirsiniz, ama yine, bu onun ihtiyaç duyduğu ilaç değil midir? Kendini iyi hissedecektir, sizi, bu yaptığınız için takdir edip, beğenecektir ve herkes iyi geçinecektir. Eğer ona konuşmasının ne kadar yetersiz olduğunu ayrıntısıyla anlatacak olsaydınız, belki de onun savunmaya geçmesine, sizi daha az beğenmesine ve bir ihtimal, işinizin tehlikeye girmesine yol açardınız.

Onun için, her zaman, birinin görüşlerini açıkça dile getirmesine değip değmeyeceğini ya da birinin gerçeği biraz da olsa gizleyip, çarpıtmasının gerekip gerekmediğini ayırt edelim. Buna diplomasi denir. Buna çekicilik denir. Buna şefkat denir. Ve bu, dünyada yeterince sahip olmadığımız bir şeydir.

Bunlar, insanların körü körüne kabul edip,çoğu kez büyük zarar gördükleri, birçok uydurma ve boş inançtan yalnızca birkaçıydı. Belki sizin aklınıza başkaları da gelir. Önceki birkaç sayfada yaptığım gibi, siz de kendinize bunların o kadar da anlamlı olup olmadığını sormak için zaman ayırın. Pekala, anlamlı olmadıklarının farkına varabilirsiniz.

Fanatik Düşünce

İkinci başlıca hatalı düşünme tipi, fanatiklerce yapılandır. Şiddetli bir saplantı öğesi içerdiği için, az önce gördüğümüz boş inançlarla dolu düşünme biçiminden farklıdır. Fanatik düşüncede, yine düşüncelerini dikkatle incelemeyen, fakat aynı zamanda inançlarıyla, bunları aşırılığa vardıracak kadar, kendilerinden geçen insanları ele alıyoruz.

İnsanlar din, politika, sağlık, para ve başka birçok konuda fanatik olabilir. Para konusunda fanatik hale gelirseniz, cimri olursunuz, yaşamınızı para biriktirerek geçirirsiniz ama parayı kaybetmekten korktuğunuz için asla tadını çıkaramazsınız. Eğer sağlık fanatiği olursanız, açlıktan ölme noktasına dek diyet yapabilir ve birçok yeniyetme gibi, anoreksi* hastası haline gelebilirsiniz. Vitaminler alabilir, haftada yüz mil koşabilirsiniz, ama birkaç yüz gram yağ almaktan öyle korkarsınız ki bir bostan korkuluğu gibi yiyerek sağlığınızı mahvedersiniz.

Aristo bize ölçülülüğün izlenecek en iyi yol olduğunu anlattı. Bu, bir davranışı her iki yönde de aşırılığa götürmeme ilkesi, Altın Ortalama Kuralı olarak adlandırılır ve kesinlikle fanatiklerde eksik olan özelliktir.

Bazı fanatikler, bir düşünceye bağlılıklarını fazla ileri götürürler, üstelik bunun onlara şöhret ya da başka biçimde tanınma getireceği umuduyla, kişisel olarak da idealist projelerine tutkun hale gelirler. Fanatikler, öyle umutsuz bir ilgi çekme arayışı içindedirler ki, böyle şeylerin insanları alarma geçireceğini çok iyi bilerek, uç noktadaki davalara eğilim gösterirler. Bazı durumlarda bu, öyle ciddi ve uzun süren sonuçlara yol açar ki, kavuştuğu şöhret nasıl olursa olsun, davranışının getirdiği acıyı nadiren telafi eder. Birkaç örneğe bakalım.

İntihar görevleri. Çoğumuz için, Japon askeri pilotları tarafından düşman hedeflerine yapılan kamikaze saldırıları, bu tür fanatik davranış tipiyle ilk modern tanışmaydı.

Kamikaze pilotu, uçağını bir bomba gibi kullanır, ağır ağır bir hedefe uçar ve çarpışmada öleceğini iyi bilerek, onu paramparça eder. Kaçmayı beklemez. Bunu, üstün bir asker olduğu ve fedakarlığının tarihe geçip, asla unutulmayacağı inancıyla, bir görev duygusundan dolayı yapar.

---

* *Bir çeşit ruh hastalığı*

Aynısı, Lübnan'da patlayıcılarla yüklü kamyonları binalara doğru süren genç adamlara da uyar. Bu adamlar, bu çetin sınavdan sağ çıkmayı ummuyorlardı ve kendilerini şehitliğe teslim ettiler. Cennete gideceklerine ve ölümcül hareketleri için özel bir yer edineceklerine inanıyorlardı.

Kamikaze pilotlarının ve terörist sürücülerin çoğunlukla genç olması bizi şaşırtmamalı. Orta yaşlı insanlar genellikle olayları daha olgun bir perspektiften görürler. Bir kahramanca hareketin önemli olabileceğine ve uzun süre hatırlanacağına inanacak kadar saf değillerdir. Ve eğer bir süre için hatırlansa bile bunun fazla bir yararı olduğu nadiren görülür. Bunlar, aşırı derecede kendini ihmalden doğan hareketlerdir. Bu şehitler aslında kendilerine ve dünyaya, insan olarak kendilerine değer vermediklerini söylemektedir.

Kendini güdüleme. Kendini ateşe vererek intihara kalkışma belki de yüzyıllardır vardır, ama modern batı kültüründe yaygın değildir. Çoğumuzun bundan ilk kez, Vietnam Savaşı sırasında, Vietnam keşişleri, hükümetlerinin dinsel özgürlükleri konusundaki politikalarını protesto ettiklerinde haberi olmuştu. O zamandan beri, bu denemeler dünyanın başka bölümlerinde taklit edildi.

Hareketin kendisi oldukça tuhaf olsa da, böyle bir hareketin ardındaki dinamik az çok anlaşılır. Etrafınıza, alevlerin bir insanı tüketişinin korkunç görüntüsüne çaresizlik ve dehşetle bakakalan bir kalabalık toplanmışken, vücudunuza benzin döküp ateşe vermekten daha dramatik ne olabilir? Fakat bu tür protesto hareketlerinin ne kadar etkili olduğuna nasıl karar verilebilir? Bu kurbanların amaçlarına ulaşmaları mümkün müdür? Bu mutsuz insanlar davaları için yandılar diye çok politika değişmiş midir?

Bana hiç de öyle gelmiyor.1980'lerin başında ABD'de bir parkta kendini yakarak hükümetin ekonomi politikalarını protesto eden işsiz bir genç adam, kesinlikle hiçbir şey başaramadı. Televizyonda ve gazetelerde haber oldu, kısa bir süre konuşuldu ama biraz sonra unutuldu.

Bu fanatik eylemler mantığı aşarlar; ödül bakımından çok az şey sunarlar. Şartlandırılarak mutsuz edilmiş bu insanların gidip, kendi çektiklerinden de büyük bir acıya alet olmalarını garip buluyorum. İşsiz olmak kötüdür, ama hiç de yanarak ölmek ya da eğer bu çetin sınavdan sağ çıkarsa, hayatı boyunca yara izi dolu ve sakat olmak kadar kötü değildir. Hiçbir protesto böyle bir yazgıya değmez. Kendini kurban etmek, en büyük fedakarlık olabilir ama aynı zamanda en yüksek derecede bir kendini ihmal hareketidir. Şehidin, başkalarının ona acıyacağını ve büyük suçluluk hissedeceğini düşünmekten duyduğu kısa tatmin geçicidir ve kurbanın aklındaki olağanüstü amaçlara ulaşmaz.

Savaş karşıtı protestocular. Vietnam Savaşı'na karşı olan öğrenci protestocuların çoğu yürüdü, bağırdı ve afişler taşıdı. Bu insanlar toplantılar düzenlediler, konuşmalar yaptılar ve kongre üyelerine yazılar yazdılar. Politikada kilise gruplarıyla birlikte çalıştılar ve duygularını ifade etmek için bunları ve başka metotlar kullandılar. Bu, mantıklı bir biçimde protesto eden bir gruptu. Bunun için hapse girmediler, genellikle yaralanmadılar ve başkalarına ya da mallara karşı pek az şiddet kullandılar.

Fakat, hükümet binalarını, üniversite laboratuarlarını, çizim masalarını bombalayan, çizim dosyalarına mürekkep veya kan döken ve aslında terörist örgütlenmeler haline gelen bir takım başkaları vardı. Tüm fanatik grupların yaptığı gibi fazla ileri gittiler ve karşısında savaştıkları kötülüklere kendileri başvurdular. Bu insanların bazıları hapse atıldılar ve hala oradalar. Dostları, sınıf arkadaşları koleji bitirir, aile kurar, tatillerin ve normal sivil yaşamın tüm nimetlerinin keyfini çıkarırken, bu zavallı kimseler, kendilerini kurban ettikleri bütün bir kuşak tarafından hemen hemen tamamen unutulmuş olarak, hapiste oturmaktadırlar.

Bu, yine, kendini ihmalin en kötü halidir. Çok az kişi onların isimlerini hatırlar. Uğruna kendilerini feda ettikleri davalar tarih olmuştur. Artık onlar hakkında konuşmayız. Bugün çoğu insan, o yaygaranın ne hakkında olduğunu merak eder. İnsanların, günümüzde çok az ya da hiçbir önemi olmayan meseleler için hayatlarını sonsuza dek değiştirmiş olmaları ne kadar üzücüdür. Eylemleri genellikle bir saman aleviydi.

Fanatikler acaba hiç öğrenecekler mi? Sivil itaatsizlik yasal bir konuma sahip ve toplumda çoğu kez büyük değişimler meydana getirmeyi başarmış olsa da, hiçbir yere varmayan daha birçok itaatsizlik eylemleri ve uzun vadede hiçbir anlamı olmayan yeniyetme öfkesinin yararsız ve etkisiz dışavurumları da bulunmaktadır.

Dünyanın asilere ve devrimlere ihtiyacı vardır. Ama bu tür hareketler her zaman risklidir. Onun için, ciddi devrimciyi, fanatik devrimciden ayırmak önemlidir. Yaşam konusunda açıkgöz insanlar bunu yapar. Onları kısa bir kötü şöhret anına ve ömür boyu süren bir cezaya götürecek hareketler yapanlarla, iyi örgütlenmiş, geniş çaplı faaliyetlere ait olan ve anlamlı bir değişime yol açanlar arasındaki fark da budur. Bu sonuncular, daha sonra yönetici, reis, başkan olan liderlerdir. Öfke ve düşüncesizlikle hareket eden acınacak asiler çoğu kez cezalandırılıp unutulurken, onlar, şarkılar ve törenlerle onurlandırılırlar.

Tarikatlar. Uygarlığın başlangıcından beri din fanatikleri vardı ve elbette modern zamanlarda bile yok olmadılar. Tarikat, inançları, daha popüler ve örgütlü dinlerinkinden çok farklı olan bir grup insandır. Sıradan gözlemciye göre, tarikat üyeleri, toplumsal olarak kabul edilmiş dinsel hareketlerin dışındadır ve alışılmamış, hatta acayip görünen dinsel inançları uygularlar.

Tarikatlar, bir politika belirleyen ve çoğu kez, onu hiç eleştirmeyen müritlerinin onun için günde saatlerce sıkı çalışması sonucu muazzam bir servet elde eden bir liderleri olmasıyla da tanımlanabilir. Yalnızca Güney Afrika'da Jonestown'ı kuran Muhterem Jim Jones'u düşünmemiz yeterlidir; ya da bir zamanlar Oregon'da kurulan bir tarikatın ruhani lideri Bhagwan Rajneesh'i; ya da müritleri üzerinde kiminle evlenmeleri ve ne zaman boşanmaları gerektiğini bile söyleyebilecek kadar, inanılmaz bir etkisi bulunan Muhterem Sun Moon'u.

Tarikatçılar, onlara yol gösterecek güçlü bir lidere ihtiyaç duyar gibi görünürler. Onlar geçiş dönemindeki insanlardır,kendi yetişkin kapasitelerinin farkında değillerdir ve bu yüzden, hala, onları kanadı altına alıp, kendi özel kurallarına uydukları takdirde sevecek bir baba figürünün güçlü eline kul olmuşlardır. Bu güvenlik garantisi tam bu tarikatçıların istediği şeydir ve onun için bu uğurda böylesine fedakarlık yaparlar. Onun için, Rajneesh'in doksanın üzerinde Rolls Royce'u, kişisel kullanımı için uçakları ve emrinde bir serveti vardı. Muhterem Moon da aşırı zengin biriydi.

Muhterem Jim Jones, insanların nasıl güçlü bir kişiye doğru çekildiklerinin ve en tuhaf şeyler konusunda bile ikna olduklarının daha da inanılmaz bir örneğidir. Jonestown, Guyana'da meydana gelen büyük trajediyi hepimiz biliyoruz. Müritlerine, punç tası önünde sıraya dizilmelerini ve zehir içmelerini söylediğinde, öyle yaptılar. Bundan daha garip bir öykü yazamazdınız.

Bu tarikatların her birinde, müritlerin kendilerine karşı aşırı derecede kayıtsız insanlar oldukları dikkate alınmalıdır. Genç kadın ve adamların hiçbir kişisel kazançları olmadan, günde saatlerce hava alanlarımızda yürüyüp çiçek satmalarını başka türlü nasıl açıklayabilirsiniz? Diğer bir dini liderin taraftarlarının, neden kendilerini zevklerinden ve mali ilerleme fırsatlarından yoksun bırakıp, gurularına* koca bir servet sağladıklarını başka nasıl anlayabiliriz? Diğer bir tarikat lideri müritlerine sıraya girip zehir içmelerini emrettiğinde ve yüzlerce insanın bunu soru sormadan, itiraz etmeden yapınca, başka neye inanabiliriz ki?

Saflık

Bu, yaşamda kaybetmeye eğilimli insanlarda yaygın olan üçüncü hatalı düşünme biçimidir. Saflık, gerçekten de doğası itibarıyla, saf insanların kendileri için aşikar değildir, fakat saf olmayanlara göre öyle gün gibi ortadadır ki, onu anlamakta zorluk çekerler. İnsanların aşırı biçimde saf oldukları ve onlara değişmez biçimde rahatsızlık, şanssızlık ve gereksiz acılar getiren birkaç konu vardır.

Güç. Sık sık bütün güçlerin çürüyeceği söylenir. Belki öyledir. Bazı insanlar bu yüzden güç elde etmeye çalışmayı istemezler. Onun için onlar takipçiler olmakla tatmin olurlar. Güç kazanmanın onları zalim ve açgözlü olmaya zorlayacağına inanırlar.

Bunun olabileceği inkar edilemez. Yine de, bu mutlaka, güç elde etmeye çalışan herkesin aynı yönü izlemesi gerektiği anlamına mı gelir? Abraham Lincoln güç sarhoşu muydu? Washington ya da Jefferson? Muazzam güce sahip olan ve insanca bakış açısını koruyabilmiş ve yandaşlarından yararlanmayan hiçbir general yok muydu? Tabii ki vardı.

---

* *Guru: Hindu dininde ruhani öğretmen(Ç.N.)*

Gücü kovalamaktan kaçarsak, amansızların aramıza dolması için bir boşluk bırakmış olacağımızı ve bunu kaçınılmaz biçimde, gücün kötüye kullanımını izleyeceğini anlamamızın zamanıdır. Onun için, eğer güçlü bir ahlaki davamız olduğunu hissediyorsak, neden bunun peşine biz düşmeyelim ve neden bunun için ahlaksız kötü adamın mücadele ettiği kadar şiddetle mücadele etmeyelim?

Bir alçakgönüllülük ve yetersizlik duygusundan dolayı, gücü yönetme yeteneğine sahip olmadığınızı ve böyle bir sorumluluğu ezici bulacağınızı söyleyerek karşı çıkabilirsiniz. Belki de tanrısal nitelikleri, gücü elinde bulunduranlara atfediyorsunuz. Eğer öyleyse, çok yanılıyorsunuz.

Bazı insanların neden ilk önce güç elde etmeye çalıştıklarını düşünün. Kendilerini yetersiz hissederler ve bu yetersizliklerini, para, güç, statüyle dile getirilen bir şekilde büyüklük elde etmeye çalışarak maskelemeyi ve kendi değerleri hakkında içlerindeki kuşkuları bastırmak isterler.

Kendilerine karşı ilgili insanlar, liderliği kuşkuyla karşılarlar. Gücü bu kadar çok isteyen insanlar konusunda sağlıklı miktarda bir ihtiyatı ve kuşkuculuğu sürdürürler. Ama aynı zamanda gücü ellerinde bulundurmaktan da korkmazlar. Aramızdaki en zavallıların en güçsüzler olduğunu bilirler; azınlıklar, çocuklar ve mahkumlar, örneğin. Hayattan en iyi şekilde yararlanmak için belli bir miktarda denetime sahip olmak en önemli şeydir; bu denetimi başkalarına bırakan kendine karşı kayıtsız olandır.

Alçakgönüllü olmaktan gurur duymayın. Güçlü olmak ve gücünüzü iyilikle kullanmak, alçakgönüllü olup iyilikle kullanılan güce bağımlı olmaktan daha iyidir.

Zenginlik. Bazılarınızın güç kazanmaya karşı olduğu gibi, zenginlik elde etmeye karşı da nefreti vardır. Zengin olmanın pislik, bayağılık, açgözlülük ve günah olduğuna inanırsınız. Paraya, hep başkalarından çalınan, bu yüzden de hak edilmeyen bir şey gözüyle bakarsınız. Zenginliği, güç kazanmanın en uygun yollarından biri olarak görmezsiniz. Yine de, para sıkıntısı çektiğiniz anda paranız olmasını dilersiniz. Üniversitede bir görüşmeye giderken, kabul kuruluna, mali açıdan rahat etmek için tıbba ya da ticarete girmek istediğinizi itiraf etmek istemezsiniz. Topluma yardım etmek ya da insanlığa yararlı olmak istediğinizi söylemek zorunda kalırsınız. Pervasızca, iyi bir hayat yaşamak istediğinizi söylemek tamamen uygunsuzdur. Bu tür hisleri ifade etseydiniz, kaba bir materyalist diye adlandırılırdınız, değil mi?

Aile kurmak isteyen çiftler, maddi güçlerinin yettiğinden daha çok çocuk sahibi olup olmamak konusunu bir karara bağlamalıdırlar. Sevgi dolu bir evlilikteki doğal çocuk sahibi olma sürecini engellememeleri gerektiğini hissettiklerinden, bu tür kararlar onlara çok acı verir. Aşkı ve aileyi, yalnızca para konularına bağlamak onları rahatsız eder.

Bu, eğitimsiz, ahmakça ve kendine karşı kayıtsız bir tutumdur. Bir çocuğun onlara kaça mal olacağını ve maddi güçlerinin kaç çocuğa yeteceğini dikkatle düşünenler, zeki olanlardır. Şu andaki kazançlarının bir veya iki çocuklarının üniversite eğitimini karşılayabileceğini, fakat daha fazlasına yetmeyeceğini, kendilerine, utanmaksızın itiraf ederler. Hayat standartlarından memnundurlar ve başka bir çocuğun masraflarıyla bunun düşmesini istemezler.

Parayı ve sağladığı gece gezmelerini severler, çünkü yaşamlarında bazı değişiklikler olması büyük bir ferahlıktır. Tatile gitmekten zevk alırlar. Zaman zaman yeni bir arabanın keyfini çıkarırlar, böylece tehlikeli ve emniyetsiz bir aracı sürmek zorunda kalmazlar. Sağlık faturalarını ödeyebilmekten ve iyi görünüşlerini koruyabilmek için dişlerini bakımlı tutmaktan hoşlanırlar. Dostlara sahip olabilmekten, onları özel yemekler ve iyi bir şişe şarapla ağırlamaktan zevk alırlar. Yeni bir işi kabul ederken, kendilerine, yalnızca yapacakları işten hoşlanıp hoşlanmayacaklarını değil, aynı zamanda işin, maddi gereksinimlerini karşılamaya yetecek kadar para getirip getirmeyeceğini de sorarlar. Materyalisttirler ve böyle olmaktan da memnundurlar. Tabii ki tamamen para ve onun satın aldığı güzel şeyler tarafından yönetilmezler. Ve eğer bunun için başkalarına ya da kendilerine zarar vermek zorunda kalmazlarsa, parayı elde etmekten memnunluk duyarlar.

Her şeyden önce, kendilerine karşı dürüsttürler. Eğer, sevimli komşuların olduğu güzel evlerde yaşamayı, iyi giysilere ve makul ölçüde rahatlık sağlayacak bir gelire eşlik eden tüm eşyalara sahip olmayı arzulama duygularımız konusunda gerçekten dürüst olsaydık, neredeyse herkes böyle bir sonun peşine düşerdi. Yoksulluk pis kokar, eğer inanmıyorsanız bir ara deneyin. Zamanından önce ihtiyarlayın. Daha yaşlanmadan dişlerinizi ve güzelliğinizi yitirin. İyileştirmeye paranız yetmediği için hastalıklarınızla baş başa acı çekin. Yakıt alacak paranız olmadığı için evinizde donun. İhtiyaç duyduğunuz kadar çeşitli yiyecek alamadığınız için dengesiz beslenin.

Para bütün kötülüklerin kaynağı değildir. Eğer sağduyu ve sağlam muhakemeyle kullanılırsa, para, insanın sağlığı, ahlaki, ruhi değerleri dışında başka her şeyin vereceğinden daha çok mutluluğun, rahatlığın, özgürlüğün ve kişisel olarak bir şeyler meydana getirebilmenin kaynağıdır.

Eğitim. Cahillik bir servete mal olur. Ne kadar eğitim görürseniz, o kadar eşsiz olursunuz. Ne kadar eşsiz olursanız, genellikle o kadar çok paraya hükmedebilirsiniz. Ve eğer geniş ölçüde ihtiyaç duyulan bir beceriniz varsa, bunu yurt dışına taşıyarak daha iyi bir maaşa sahip olabilirsiniz.

Eğitim olmadan güç ve zenginlik eksikliğinin sıkıntısını çekersiniz. Tabii, bu her zaman doğru değildir. Örneğin, bir adam ilkokuldan sonra okula gitmeden, harika bir dansçı ya da trompetçi olarak, bir servet yapabilir. Ve zenginliği ona güç verir ve üniversitedeki profesöre bile güçlükle açılacak kapıları açar. Ama bu örnekler kuraldan çok istisnadır. Genelde eğitim sizi daha iyi bir yaşam standardına ulaştırdığı için, hayatınızı kolaylaştırır.

Ama daha iyi bir yaşam standardı eğitimin sağlayacağı her şey değildir. Eğitim aldıkça yalnızca bilgi birikimi gerçekleştirmez, temel bir değişim sürecine de girersiniz. Belli bir eğitim derecesi sizi nitelik bakımından farklı bir insan yapar. (Daha bilge,daha merhametli, meraklı daha ilginç ve eğitim almadan olacağınızdan daha sağlıklı.)

Üniversiteden mezun olduktan sonra yaşadığım entelektüel uyanışı hiç unutmayacağım. Üniversite öğrencisi olarak yaşadığım dört yıl benim için çok önemliydi ama bana hayat hakkındaki şeylerden çok matematik ve kimya öğrettiler. Ancak eğitimimi ilerlettiğimde, düşünen bir insan olarak yaşar hale geldim. Dünyam ve insanların neden böyle davrandıkları hakkında böyle şeylere maruz kalmadan anlayacağımdan çok daha fazlasını anladım. Tarih, antropoloji, psikoloji, din ve sosyoloji kendimi, başkalarını ve şimdiki durumumuza nasıl ulaştığımızı anlamamı sağladı. Bana düşünce biçiminde daha merhametli, daha önyargısız ve daha mantıklı olmayı öğrettiler

Bence, kendinize karşı kayıtsızlığınızın en büyük göstergesi, akıllıca davranıp alabileceğiniz bütün eğitimden yararlanmamak; öğrenmekten vazgeçmektir. Bu, çoğu kez çocuklara ana babaları tarafından söylenir ve bunca çocuğun, eğitimin onlar için ne kadar önemli olduğunu anlamaması ne kadar acıdır. Lisedeyken bunu anlamayabilirler, çünkü öğrenmekten yorgun düşmüşlerdir, okuldan, bir iş bulmak ya da evlenmek için ayrılırlar. Böyle yapmış o kadar çok müşterim bana bunun en büyük pişmanlıklarından biri olduğunu söyledi ki. Ancak otuz yaşlarına geldiklerinde, bir aileleri ve birçok sorumlulukları bulunduğu için sahip olamadıkları, daha fazla özgürlük ve eğlence dolu bir yaşamı özlerler. Ve bu aynı zamanda, eğitimlerini tamamlamaya, yeni bir iş seçmeye ya da mesleki dereceler elde etmeye karar verdikleri zamandır, çünkü gerekenden on yıl sonra, ana babalarının haklı olduğunun farkına varmışlardır. Kendilerine özen göstermeyi on yıl geç öğrenmeleri ne büyük talihsizliktir.

Güç ve paranın elde etmek için çabalamamız gereken özellikler olduğunu düşünerek, tüm bu tartışmayı yanlış anlamayacağınızı umarım. Makul miktarda bir güç ve servet, yalnızca rahat bir yaşam elde etmek için gereken şeylerdir. Milyonlar kazanmadan ya da inzivaya çekileceğimiz bir yatımız olmadan da yeteri kadar tatmine ve güvenliğe ulaşabiliriz. Ve çok zengin ya da çok güçlü kimselerin, her zaman aramızdaki en mutlu kişiler olmadığı kesinlikle doğrudur. Ama genelde, güce ve yeterli gelire ya da eğitime sahip oldukları için yaşamları üzerinde makul ölçüde kontrolleri bulunanlar, hayatta diğerlerinden daha başarılı olurlar. Bunlar hayatın gerçekleridir, mutlaka adil olduğunu düşündüğüm koşullar değil. Tamamen adil bir toplumda, bu özelliklerin belki de pek önemi olmazdı. Ama hayat adil değil ve bu dünyada makul miktarda bir şeyler yapmak istiyorsanız, dünyanın gerçekte işlediği biçime dikkat edin.

4

KENDİNİZİ KONTROL EDİN

Buraya dek neredeyse tamamen beynimizi kullanma biçimimizle ilgilendik. Bazı insanların neden kendileri için düşünmediğini açıklamaya çalıştık ve hatalı düşünmenin sebeplerini, bunların başımıza neler getirebileceğini gözden geçirdik. Belki de çoğunuz, bunalım, öfke veya korku nöbetleri geçirmeye eğilimlisiniz ve bunun tümüyle doğal, 'yalnızca başa geliveren' bir şey olduğuna inanıyorsunuz. Eğer öyleyse, bu sinirsel heyecanları beyninizi kullanarak kontrol etmeyi öğrenebileceğinizi duymak pekala sizi şaşırtabilir. Bu, hiç de kolay değildir, fakat kuşkusuz yapılabilir.

Sinirsel heyecan, 'sadece oluveren' bir şey değildir. Sizin çıkardığınız, durumunuzu iyileştirmeyip kötüleştiren, ama nasıl yapılacağı size öğretildikten sonra önlenmesi mümkün bir şeydir. Fakat neden bu heyecanlar yüzünden acı çekiyorsunuz? Zeki olmadığınız için mi? Genellikle hayır. Böyle yapmaya alıştırıldığınız için olayları kötüleştirirsiniz, ve mükemmel olmadığınızdan ve beyninizin bir tembelleşme huyu bulunduğundan, sonuç genellikle açık biçimde düşünme değildir. Bu yüzden Dr. Ellis, sinir hastasını 'aptalca davranan fakat aptal olmayan biri' olarak tanımlamıştır. Benim biraz farklı bir tanımlamam var: Nörotik "kötü bir durumu alıp, onu daha kötü hale getiren biri' dir. Yalnızca nörotik sürecin farklı tarafları üzerinde yoğunlaşarak, aşağı yukarı aynı şeyleri söylüyoruz.

Bir ebeveyn çocuğuna, ağlamasını durdurmak için şaplak atarsa, çocuk daha şiddetli ağlar. Bir adam karısını, kıskançlık duyduğu ve onun dışarıdayken başka birini görüp görmediğini bilmek istediği için sorguya çekerse, kadın onu daha az sever, daha çok değil. Bir işçi patronuna, bir başka çalışana iltimas yapıldığı için bağırırsa, bir gün bir başka terfi için atlanma şansını arttırır. Bu insanların hiçbiri aptal olmadıkları halde,aptalca davranarak, hüsranlarını daha da kötüleştirirler. Nörotik davranıştan kastettiğimiz budur.

Ama bekleyin, bütün bu örnekler, her günkü, normal tepkiler değil midir? Tüm insanlar bunu zaman zaman yapmazlar mı? Evet, yaparlar. Bunlar normal davranış örnekleridir. Öyleyse ne olmuş? Normal olmaları sağlıklı olmaları anlamına gelmez. Başka deyişle, normal davranış nörotik davranıştır. Sağlıklı davranışsa nörotik değildir. Ben size normal olmamayı öğretmeyi istiyorum. Size, sağlıklı, kendinize karşı özenli ve iyi olmayı öğretmek istiyorum.

Engellenmeler ve Rahatsızlıklar

Eğer duygularınızı kontrol etmek istiyorsanız öğrenmeniz gereken en önemli gerçeklerden biri, engellenmelerin rahatsızlıklarla aynı olmadığıdır. Bu ayrımı yapmazsanız, kendinize sonsuz stres, baş ağrıları, öfke nöbetleri veya bozuk sinirler armağan etmiş olursunuz.

Ayrımı bir örnek yoluyla gösterelim. Yağmurda taksi bekliyorsunuz. Bu rahatsızlık vericidir; bu bir engellenmedir. Yağmurda taksi bekledikçe, kızarsınız. Bu bir duygusal rahatsızlıktır. Bunlar doğrudan değil ama dolaylı olarak ilintilidirler. Sizi kızdıran yağmurda durmanın yarattığı engellenme değildir. Engellenmeler, duygusal rahatsızlıklara yol açmazlar. Kızmak zorunda değilsiniz. Kızmayı seçersiniz. Engellenmelerin duygusal rahatsızlıklarla aynı olmadığını söylerken kastettiğim buydu.

İkna olmadınız mı? Siz izin vermedikçe hiçbir şeyin keyfinizi kaçıramayacağına inanmayı güç mü buluyorsunuz? O zaman size yağmurda her bekleyenin delirip delirmediğini sormama izin verin. Tabii ki delirmezler. Ve bir tezgahtar kız size kaba davrandığında bir gün hiç üzülmediğinizi, ama başka bir gün çok üzüldüğünüzü fark etmediniz mi? Eğer tepkiyi, belirleyen olaysa, nasıl aynı olay karşısında farklı tepkiler gösterebilirsiniz?

Şu halde, eğer duygusal tepkilerimiz engellenmeler tarafından belirlenmiyorsa, bunalıma girmemize, öfkelenmemize, korkmamıza veya işleri ertelememize yol açan nedir? Yanıt sizi şaşırtacak: Engellenmeler hakkındaki düşünceleriniz. Duygularınızı düşünceleriniz belirler, hayal kırıklıklarının kendileri değil.

Bu, güçlü nörotik kalıplar geliştirmek için, nasıl düşündüğünüz konusunda çok dikkatli olmanız gerektiği anlamına gelir. Eğer sağduyulu, mantıklı ve akıllıca düşünürseniz belki canınız sıkılacak, sabırsız ve asabi olacaksınız, ama depresif, öfkeli veya kıskanç (çok daha şiddetli duygulardır) olmayacaksınız. Ne var ki dikkatsizce, mantıksızca ve akılsızca düşünürseniz, her seferinde keyfiniz kaçacaktır.

Rasyonel Duygu Terapisi

Basitçe ifade edilirse, duygusal rahatsızlıklara, engellenmiş hissettiğimiz zamanki düşüncelerimiz yol açar. Dr Albert Ellis Rasyonel Duygu Terapisi teorisini formüle ederken, depresyon, acıma, suçluluk, aşağılık, kızgınlık, nefret, öfke, korku, endişe, sinirlilik, panik, kıskançlık, ihtiras, pasiflik, işleri erteleme ve diğer kaçış biçimleri gibi durumları hissetmemize sebep olan on bir mantıksız inancı tanımlamıştır. Sıkıntısını çekeceğiniz duygular, kesin biçimde, sahip olduğunuz akıldışı düşünceler tarafından belirlenir.

Bu acılı durumları azaltmak ya da bunlardan kendinizi kurtarmak için, bu akıldışı fikirleri reddetmek ve doğruluklarını, artık akla uygun olduklarını düşünmeyeceğiniz kadar etraflıca sorgulamak için kendinizi eğitmeye ihtiyacınız vardır. Bu çok çalışma ve pratik -hem de çok fazlaca- gerektirir. Tüm bunlar açıklanması basit olarak görülebilir ama, muhtemelen çocukluğunuzdan beri kendinizi üzmeyi alışkanlık haline getirmişken, rahatsızlıkları önlemenin kolay olduğunu bir an için bile düşünmeyin.

On Bir Mantıksız Düşünce ve Bunların Mantıklı Analizleri

Mantıksız Düşünce no.1. *Sevilmemeniz veya onaylanmamamız kötü ve değersiz olduğunuzu kanıtlar. Dışlanmak acı verir. Ancak sizin için önemli insanlar size saygı gösterdiklerinde değerlisinizdir. Eğer saygı gösterir ve/veya severlerse, o zaman makbul bir insan olursunuz.*

Saçma! Biri tarafından dışlanmak neden ve nasıl sizi kötü, ahlaksız veya değersiz bir insana dönüştürür ki? Hem onlar kim ki yargılama yapabiliyorlar? Mükemmeller mi? Bunun yanında, dışlanmak siz izin vermedikçe sizi incitmez. Kesinlikle tatsız ve üzücüdür, ama hiç de dünyanın sonu değildir.

Mantıksız Düşünce no.2. *Kötü, aptalca veya ahlaksızca davranmak sizi kötü ve değersiz bir insan yapar. Ancak göze çarpan, yüksek mevkilere ulaşmış biri ve neredeyse mükemmelseniz kendiniz hakkında iyi şeyler düşünebilirsiniz. Hatalar korkunçtur ve gerçekte ne kadar kötü olduğunuzu kanıtlar.*

Ne zamandan beri? Herhangi birimizin hatasız olmasının tek yolu ölmektir. Tüm diğer insanlar-milyonlarcası- yaşadıkları sürece hatalar yaparlar. Eğer mükemmel olmayan insanlar hiç işe yaramazsa, şimdiye kadar yaşamış, şu anda yaşayan ve gelecekte yaşayacak tüm insanlar ahlaksız, kötü ve değersizdirler.

Mantıksız Düşünce no.3. *Dünyada kötü ve günahkar insanlar vardır ve acımasızca suçlamak veya cezalandırmak onların bu kötülüklerini iyileştirecektir. Bağırma, dövme, işkence ve kişinin şahsiyetine saldırı, hepsi, duygusal gelişim elde etmek için iyi metotlardır.*

Boş laf! İnsanlar ve davranışları aynı değildir. Aynı insan, bazıları kötü ve zalim, ama bazıları mükemmel ve nazik pek çok davranış sergilediği için, mantıksal olarak, kötü bir davranışın bir insanı kötü yapacağı sonucuna varamayız.

İnsanları susturmak veya fiziksel olarak suiistimal etmek yerine, bu eski metotların hiç işe yaramadığına ve yarasalar bile insanın gelecekteki sağlığına verdikleri zararın çok büyük olduğunu sonunda kabul edelim. Örneğin, inatçı bir genç düzenli olarak kamçılanır ve hücreye kapatılırsa, boyun eğdirilebilir. Ama geride ne çeşit bir insan kalır ki?

Mantıksız Düşünce no.4. *İstediğinizi elde edememeniz berbattır ve felakettir. Hayat adil olmalıdır. Ve eğer haklıysanız amaçladığınız her şeyi hak etmişsinizdir. İstediğinizi elde edememeniz dayanılmazdır.*

Yine yanlış. Hiçbir zaman istediğinizi elde etmeniz gerekmez. Dünya sizin özel tercihlerinize uymak için yaratılmamıştır. İstediğinizi elde edememek kızdırıcı, bıktırıcı ve üzücü olabilir ama katlanamayacağınız kadar korkunç, dehşet verici veya berbat değildir.

Ne olur söyleyin, yerine ne yapmayı düşünüyorsunuz? Katlanmamayı mı? Bunu yapmak için ölmeniz gerekirdi.

Sevmediğiniz bir şeye katlanmamayı garantilemenin tek yolu budur. Bunun için, eğer ölmeye hazır değilseniz,hayal kırıklıklarınıza, onları azaltıncaya veya giderinceye dek dayanmak veya onlar geçene kadar katlanmak zorunda kalacaksınız.

Mantıksız Düşünce no.5. *Duygusal rahatsızlık ve insan mutsuzluğuna hayatımızdaki olaylar sebep olur ve bu yüzden rahatsızlıklarımız üzerinde neredeyse hiç kontrolümüz kalmaz. Bir başka deyişle, insanlar, bizi depresif, kızgın, kıskanç, vb. yaparlar. Eğer bu duygusal acılardan kurtulmak istiyorsak başkalarının, bize kötü davranmaya son vermelerini sağlamak zorundayız.*

Hiç de değil! Kendinizin dışında kimse sizi üzemez. İnsanlar sizi hayal kırıklığına uğratır. Siz kendinizi rahatsız edersiniz. Kendimizi, rahatsızlıklarımızın bizim dışımızdan geldiğine inandırarak, duygusal acılarımız için kolayca herkesi suçlayabiliriz. Kendimize karşı dürüst olup, gerçeği ifade etmenin -bir gün keyfimizi kaçırmak, öteki gün bundan kurtulmak için kendimizi ikna etmenin- zamanıdır. Duygularımızın gözetimi altındayızdır. Eğer kendimize karşı mantıklı davranırsak iyi durumda oluruz. Eğer akıldışı davranırsak, başımız derttedir.

Mantıksız Düşünce no.6. *Tehlikeli ve tehditkar durumlardan dolayı çok kaygı duymalı ve onlar yüzünden endişelenip, bitmez tükenmez biçimde üzerlerinde yoğunlaşmalıyız. Endişelenmek bizi sürprizlere karşı korur ve sorunların daha kötüye gitmeyeceğini garantiler.*

Tam tersi. Ne kadar çok endişelenir ve bir düşüncenin üzerine giderseniz, o kadar çok sinirlenirsiniz. Ve çok kaygılandığınız tehdit hakkında bir şey yapamazsınız.

Sorunların ve hayal kırıklıklarının üzerinde durmanın ve yoğunlaşmanın yararlı olduğu düşüncesine tekrar tekrar meydan okuyun. Sorunlarınıza biraz önem vermek her zaman akla uygundur. Ne var ki bir sorun üzerinde yoğunlaştığınızda daha az rahatsız olmak yerine, daha çok rahatsız oluyorsanız iyi bir şeyi aşırı yapıyorsunuzdur.

Mantıksız Düşünce no.7. *Zor durumlardan kaçınmak onlarla yüzleşmekten daha kolaydır. O zaman anında sıkıntıdan kurtulursunuz ve hayat kısa olduğundan çok çalışma her zaman karşılık görmez. Yani. niye önce eğlenip, angaryaları daha sonra üstlenmeyelim ki?*

Böylesi uzun vadede daha kolaydır da ondan. Yaşamdan en iyiyi elde edenler, disiplinli insanlardır, disiplinsiz olanlar değil. İşleri erteleyenler genellikle, kısa zevkleri yalnızca daha sonra, ilk önce zor görevlerle yüzleşmediklerinden katlanmak zorunda kaldıkları baş ağrılarından şikayet etmek için, yaşayanlardır.

Neredeyse tüm beceriler ve ödüller çok çalışmadan ileri gelir. Okulunuzu her sabah yatakta kalarak ya da ödevlerinizi yapmamazlık ederek bitirmediniz. Eğer bir yolunu bulup kaytardıysanız, eğitim konusunda kendinizi aldatmışsınız demektir.

Asıl kazananlar, ilk önce zor işi yapıp, sonra mükafatlarının keyfini çıkaranlardır. Onun için böylelerinin hali vakti yerindedir - paralarını biriktirip sonra yatırım yapmışlardır; çok çalışmış ve ücreti iyi bir iş bulmuşlardır; egzersiz ve akıllıca bir diyet sayesinde, sağlıklı ve genç bir görünüme sahiptirler.

Aylak aylak dolaşmak size yalnızca kısa bir süre için kolay gelir. Acısı sonra çıkar. Sorunlarla yüzleşmek ilk başta, birkaç dakika, saat ya da gün boyunca, size zor gelir, fakat sonra, aylar ya da yıllar boyu sürecek pek çok mükafat elde edersiniz.

Mantıksız Düşünce no.8. *Eğer kendinizi güvende hissetmek istiyorsanız, sizden daha güçlü ya da kudretli insanlara bel bağlamak daha iyidir. Onlar zekice kararların nasıl verileceğini bilirler. Başınız derde girdiğinde size yardımcı olabilecek bağlantıları ve paraları vardır. Bütün bunların sizin için harcanması, kendinizi, babası milyoner ya da kral olan bir çocuk kadar güvende hissetmenizi sağlayacaktır.*

Bilakis. Başkalarına ne kadar bel bağlarsanız, kendinize o kadar az güvenirsiniz. Bel bağladığınız kişi ölür, sizden hoşlanmamaya başlar ya da uzağa taşınırsa, size ne olacak sanıyorsunuz? Bu, sizi bir yetim gibi ortada bırakır. Kahramanınız ve velinimetiniz, siz karar vermeyi ve hataları göze almayı reddettiğinizde, büyük sorumluluk altına girmeyi öğrenir. Çetin sorunları düşünerek çözmek ve seçimler yapmak konusunda epey ustalaşır. Ama siz, hata yapmaktan korkmaya devam edersiniz.

Dayandığınız kimsenin nasıl bu kadar becerikli ve güvenilir hale geldiğini kendinize sorun. Görev almakta, mönüden bir şey ısmarlamakta, satın alınacak şeye karar vermekte neden bu kadar yetenekli ve rahattır? Sebep, genellikle, bunu defalarca yapmış ve sert darbeler okulundan çok şey öğrenmiş olmasıdır. Eğer siz de aynı becerilere sahip olmak istiyorsanız, kendinizi tehlikeye atın, sorumluluk üstlenin ve ara sıra yanılma riskini göze alın. Böylece siz de, şu anda dayandığınız kişi gibi, psikolojik yönden büyük ve güçlü olmayı öğrenebilirsiniz.

Mantıksız Düşünce no.9. *Yıllar önce yaşadıklarınızın, bugün de sizi etkileyeceği ve bu çocukluk baskılarına karşı savaşımınızda sizi oldukça güçsüz bırakacağı kesindir. Milyonlarca olay tarafından programlanırsınız ve yetiştiğiniz yıllarda ne olmaya alıştırıldıysanız, bugün onu olursunuz. Ve annenizin dizinin dibinde öğrendiğiniz şeylerden bazıları asla unutulmaz.*

Ne zamandan beri? Eğer yaşam hakkında tek bir şey söylenecekse, bu, hayatın bir öğrenme deneyimi olduğudur. Öğrenilen bir şey unutulabilir. Utangaç ya da agresif, alçakgönüllü ya da hırslı, güvensiz ya da kendinden emin olmaya alıştırıldıysanız, ilkini ikincisine (ya da tersi) dönüştürebilirsiniz. Seçim sizindir. Böyle olduğu için talihinize şükredin, çünkü böyle olmasaydı, bir biçimde programlanmış ve değişemeyecek bir robot gibi davranmanız gerekirdi. Hayat bize hepsini öğretir, çoğu zaman siz ve ben inançlarımızı yeniden gözden geçirir ve ona göre değişiriz. Bu, fazlasıyla şartlandırılmamız yüzünden, (korkuyla ya da öfkeyle) özellikle zorlaştığı zaman, eski inançlarda değişikler meydana getirmek için psikoterapi gerekli olabilir.

Mantıksız Düşünce no.10. *Başka insanların sorunları için üzülüp rahatsız olmamız gerekir. Başkalarının acıları için yalnızca üzülmek doğaldır. Aksini yapmak soğuk kanlı kalpsizliğin işaretidir. İlgili insanlar, başkalarının hissettiklerini aynı derecede hissederler.*

Neyse ki öyle değil. Başka birinin kırık kalbi yüzünden kendi kalbinizi kırarsanız, dünyaya mutsuzluk eklemiş olursunuz. Üstelik, dertlerine o kadar üzüldüğünüz kimselere yardım etmek için iyi bir durumda olmazsınız.

Bir cerrahın çektiğiniz acı yüzünden kederlenip, konsantrasyonunu kaybetmesini ister miydiniz? Bir bakan bunalımınızı öyle iyi tanımlayıp hissetsin ki, o da şiddetli bir bunalıma girsin ister misiniz? Her müşterisiyle birlikte acı çeken danışmanın, ertesi gün ofisine dönecek hali kalmaz.

Hepimizin istediği, talihsizlerin acısına aldıran insanlardır, fazlaca kaygılanan insanlar değil. Bu daha önce üzerinde durduğum noktadır: Trajik hissetmeden üzülmek, öfkeden köpürmeden kızmak ve paniğe kapılmadan uyanık ve dikkatli olmak uygundur.

Mantıksız Düşünce no. 11. *Tüm problemlerin yalnızca tek bir mükemmel çözümü vardır. Çözümünüzün mükemmel olduğundan emin olana kadar sorunla uğraşmak aptalcadır. Bir meselenin nasıl ele alınacağını doğru ve tam olarak bile-*

ne dek, sabırla beklemeli, emek vermeli, araştırmalı ve soru sormalısınız. Ancak haklılığınızdan emin olduğunuzda harekete geçin.

Bunu istemez miydiniz? Her problemin tek doğru çözümü olsaydı, yaşam çok daha kolay olurdu ve bir sorunla karşılaşır karşılaşmaz bu doğru çözümü tanımlayabilirdik. Fakat böyle bir şans yoktur. Yaşam bir, olasılık meselesidir. Roma'ya giden birçok yol vardır. Hepsini inceleyene dek hangisinin en kısa olduğunu bilemeyiz.

Herhangi bir olayda, emin olana kadar akla uygun bir eylemde bulunmaktan kaçınmak yerine, mükemmellik arayarak öyle çok zaman harcarız ki, çoğu kez keşif gecikir. Ben, makul bir başarı beklentisiyle hareket etmenin, emin olana dek işleri geciktirmekten daha anlamlı olduğuna inanıyorum. Üstelik, emin olmanın hiç yolu bulunmadığında bile, tamamen doğru ve kesin çözümü bulmuş olursunuz.

Öyleyse, dikkatli planlamaya ve makul ölçüde çalışmaya dayandığı sürece, şansınızı deneyin.

Bu mantıksız inançlara karşı koymayı reddedenleriniz, kendilerine karşı çok kayıtsız bir şekilde yaşamaya devam edecekler. Kendinize bunu yapmaktan vazgeçin. Duygusal olarak kendinize ne kadar zarar verdiğinizi anlayın. En yaygın duygusal rahatsızlıklardan bazılarını nasıl azaltacağınızı, hatta önleyeceğinizi öğrenin. Bunu yapmak, en sonunda mümkün olacaktır. Şu anda, insan davranışı hakkında, bunun insanlık için akla uygun bir hedef olduğunu söyleyemeye yetecek bilgiye sahibiz.

İlerleyen sayfalarda, günlük çalışma hayatımda karşılaştığım ve insanların seminerlerimde anlatmamı istedikleri en yaygın duygusal problemlerin dinamiğini açıklayacağım. Bunlar; bunalım, öfke, korku, işleri erteleme ve kıskançlıktır.

Bunalım

Öyle görülüyor ki, bunalıma, üç mantıksız tavır yol açmaktadır: Kendinden nefret etme, kendine acıma ve başkalarına acıma.

Kendinden Nefret Etme

Yaşamınızın geri kalanında yeniden bunalıma girmek istemiyorsanız, bir daha asla kendinizden nefret etmeyin. Makbul bir insan olmak için hatasız olmak zorunda değilsiniz. Her zaman, davranışınızı kendinizden ayırın ve kendinizden nefret etmeden de bir hata veya köyü davranıştan suçlu olabileceğiniz gerçeğini kabul edin. Böyle yapmazsanız, davranışınız ne olursa olsun, mutlaka, kendinizi suçlu, aşağılık ve bunalımda hissedersiniz.

Benım iddiam, kendinizi her şey için bağışlama hakkınız ve yükümlülüğünüz bulunduğudur. Yaptığınız herhangi kötü bir şey, bu üç sebepten biriyle yapılmıştır ve bunun için kendinizi bağışlama hakkınız vardır. İlkin, yetersiz kalmış ve bir matematik problemini kavramak, bir müzik aletini çalmak ya da çocuklarınıza karşı sabırlı davranmak gibi, bir şeyi doğru yapamamış olabilirsiniz. Hepimiz bu tür yeteneklerle doğmayız. Öyleyse üzerinde çok az kontrolümüz bulunan bir kabiliyetin eksikliği yüzünden nasıl kendimizden nefret edebiliriz?

İkincisi, yeteneğiniz olsa bile, bir şeyi doğru biçimde yapmak size öğretilmemiş olabilir. Anneler ve babalar, ana baba olarak hiç deneyimleri olmasa bile, yaptıkları hatalar için çoğu kez kendilerinden nefret ederler. Fakat her şeyi ilk seferinde doğru yapmayı nasıl bekleyebilirler? Hata yapmak insana özgüdür. İkinci, üçüncü, dördüncü çocukları olduğunda, çocuk yetiştirmek hakkında çok daha fazla şey bileceklerdir. Öyle olması gerekmez mi? Eğer kötü bir anne ya da baba olduğunuz için kendinizden nefret ederseniz, kendinize olan güveninizi yıkar ve belki de yine aynı hataları yaparsınız.

Üçüncüsü, eğer bir şeyi çok tedirginken yaparsanız, kendinizi bağışlama hakkınız ve yükümlülüğünüz olur. Hem çok üzgünken tamamen mantıklı olmanın hiç yolu yoktur. Eğer rahatsız olmamayı bilmiyorsanız, nasıl her zaman sakin ve aklı başında biri olabilirsiniz?

Kendine Acıma

Çoğu zaman dünya zalim, insanlar da adaletsizdir. En büyük çabalarımız sık sık takdir edilmeden kalırlar. Böyle düşüncesizliklerin duygularımızı incitmesine izin vermemiz hiç de az rastlanır bir şey değildir. Bu durumda bunalıma sebep olan kendine acımadır. Biri için çok çaba harcadığınızda ve iyilik karşılıksız kaldığında, ya da size yakın biri uzağa taşındığında, bu üzücü olaylar için kederlenmeniz alışılmadık bir şey değildir.

Ne var ki, üzgün hissetmek de bir şeydir. Bu, başımıza gelen bazı talihsiz olaylara karşı normal ve anlamlı bir tepkidir. Üzgünlük, düş kırıklığı ya da pişmanlıkla bir alıp veremediğimiz yok. Fakat bir şey için üzülmekten kendinizi bunalmış hissetmeye geçmek, duygusal ve felsefi bir sıçramadır. Eğer kendinize acırsanız ve sonra da, bu adaletsiz dünya yüzünden gerçek bir bunalıma girerseniz, yine, bu bölümün başında, sıkıntıyla karşılaştığımızda yapmamanızı söylediğim şeyi yapmış olursunuz. Biz bunu on kat kötüleştiririz. Eğer istiyorsanız kendiniz için üzülebilirsiniz, ama elinizdeki nimetleri de hesaba katıp, her şeyin daha da kötü olabileceğini kavrarsanız iyi olur.

İnsanlar binlerce yıldan beri haksızlığa, adaletsizliğe, yoksulluğa ve sefalete bu şekilde katlanmışlardır. Kendilerini, işler kötü olsa bile, daha kötü olmadığına şükretmeye ikna etmişlerdir. Kendine acıma, istediğimiz her şeye sahip olmamız gerektiğini ve hayatın bize istediğimiz gibi davranmamasının korkunç ve berbat olacağını ifade eden 4 no.'lu mantıksız düşünceden kaynaklanır. Bu düşünceye savaş açarsanız, kendinize acımazsınız.

Başkalarına Acıma

Başka bir insanın çektiği acı için kaygı ve merhamet duymak, uygarlığın işaretidir. Başkaları için kaygılanırsınız, onlarla ilgilenir, onlara yardım eder ve kendinizi kardeşinizin bakıcısı gibi hissedersiniz. Ve öyle de olmalıdır. İlgilendiğimiz insanlar ve genelde insanlık için işler kötü gittiğinde, acil işlerimizin ötesindekilerle ilgilendiğimizi göstererek, azametli ve olgun biçimde davranırız. Ve talihsiz şeyler olduğunda, akıllıca hareket edip, biraz mutsuz, dalgın, üzgün ve huzursuz olmaktan kaçınmayız.

Bunlar, yine, normal duygusal tepkilerdir. Sakınmanız gereken, diğer insanların talihsizliklerine karşı, aşırı duygusal tepkiler göstermek, başa gelenin dehşet verici, korkunç ya da dünyayı yıkacak bir felaket olduğuna inanmaktır. Endişelenmenize ve bunalıma girmenize yol açan şeylerin çoğu, hiç de dünyanın sonu ya da ölüm kalım meselesi değildir. Bunalmamıza neden olan şeylerin çoğu, her günkü üzücü ve düş kırıklığına uğratıcı olaylardır. Onun için, hayal kırıklığına uğrayalım, üzülelim, fakat bunalıma girmeyelim, kendimizi umutsuz, çaresiz hissetmeyelim.10 no.lu mantıksız düşünceye savaş açın.

İşte depresyondan kaçınmanın yolunu buldunuz. Kendinizden asla nefret etmeyin, çünkü mükemmel olmama hakkına sahipsiniz. Asla kendiniz için üzülmeyin, sırf hakkettiğinizi düşündüğünüz için istediklerinize sahip olmak zorunda değilsiniz. Dünya adaletsizdir. Asla başkaları için üzülmeyin. Sadece ilgilenin ve dikkat edin. Başkasının problemi için kendinizi fazlasıyla sıkıntıya sokmanın bir anlamı yoktur. İhtiyaç duydukları sizin yardımınızdır. Eğer bir duygusal çöküntüye girerseniz, bu sadece bir engel olacaktır.

Öfke

Bu en kötü duygusal rahatsızlıklardan biridir, çünkü kendini şiddet, nefret, düşmanlık, savaş ve acı ile gösterir. Ayrıca kendini, küskünlük, kin, kıskançlık, her şeye kusur bulma, dırdır etme ve yıkıcı eleştiri gibi daha hafif biçimlerde de gösterir. İlerki birkaç sayfada, eğer üzerinde sıkı çalışırsanız, hayatınızın geri kalan zamanının yüzde 90'ında öfkenizi nasıl kontrol edebileceğinizi öğreteceğim.

Anlamanız gereken ilk nokta, kızgınlığınızı yaratanın kendiniz olduğudur. Başka kimse değil. Kendinize bunu yaptırırsınız ve kendinizi bundan vazgeçirmek de size kalmıştır. Nasıl? İlk aşamada istediğiniz her şeye sahip olmak zorunda olduğunuzu düşünerek öfkeleniyorsunuz. Bu noktada istediğiniz her şeyi elde edememenizin berbat, dehşet verici ve sizi engelleyen insanların kötü, hain ve hainliklerinden ötürü nefret edilesi olduğuna inanırsınız. (Akıldışı Düşünce no.4.) Siz, Dr.Ellis'e göre, her bakımdan yanılıyorsunuz. İstedikleri her şeyi elde etmeleri gerektiğini düşünen insanların budanacak çok yeri vardır. Yalnızca diğer insanların sizi engellemesi, nadiren onları eleştirilecek, dövülecek ve öldürülecek, şeytani ve korkunç insanoğulları haline getirir.

Öyleyse, öfke, bir şeyi istemeniz, dilemeniz, arzulamanızla başlar. Fakat, bunu bilmeden zihinsel durumunuzu değiştirmiş (farkına vararak ya da varmadan) ve kendinizi, istediğinizi almanız gerektiğine inandırmışsınızdır. Başka bir deyişle, sağlıklı, doğal istek ve arzularınızı, nörotik ihtiyaçlara, diretmelere dönüştürmüşsünüzdür. Şimdi şu noktayı hatırlayın: İstediğinizi almazsanız, sadece düş kırıklığına uğrar ve ..rsünüz. Bu ciddi bir şey değildir ve yaşamımız boyunca hepimize olur. Kaçınız zengin, ünlü, güzel olmayı, Riviera'da bir yat ya da yeni bir kürk istemiştir? Ve kaçınız, bunları, sadece istiyorsunuz diye, elde edemediğinizde dünyaya kızıp köpürmüştür? Belli ki yalnızca pek azınız.

Şimdi, kendinizi bir şeye sahip olmanız gerektiğine inandırır ve bunu elde edemezseniz, bu ayrı bir hikayedir. O zaman düşmanca, öfkeden köpürmüş, amansız, küskün olur ve çevrenizdeki herkesi incitmek, ya da ortalığı birbirine katmak istersiniz. Ama öfkeye neyin neden olduğunu görmüyor musunuz? Neden, istediğinizi elde edememeniz değildir. İstediğiniz şeye sahip olmak zorunda olduğunuzu düşünmenizdir.

Bir de şu açıdan bakın. Kuşkusuz öfke nöbetleri geçiren çocuklar görmüşsünüzdür. Bunu neden yaparlar? Belli ki, elde etmek zorunda olduklarını düşündükleri şeyi alamadıklarından. Dört yaşındaki bir çocuk, bu yüzden bağırıp, tekme atıp, yaygara yapıp başını yere vurmaz mı?

Bu çocuğun yaptığıyla sizin yaptığınız arasındaki fark nedir? Yalnızca bir fark vardır: Sıkıntıların türleri. Çocuk, bir lolipop ya da bir külah dondurma alamadığı için rahatsız olurken, siz maaşınıza zam, daha fazla saygı görmek ya da bir spor oyununda kazanmak istersiniz.

Başka bir deyişle, sizin yetişkin ilgileriniz,arzularınız, ihtiyaçlarınız vardır. Ama öfkelendiğiniz zaman, bir çocuğun seviyesine iner ve çocuk gibi davranırsınız. Siz bu tür aptalca ve çocukça davranışlara tenezzül etmez misiniz? Elbette böyle olmasını umarım. Bu, sıkıntılı ve öfkelenmek üzere olduğumu anladığımda sürekli kendime hatırlatmak zorunda kaldığım şeylerden biri, biliyorum. Hemen kendime şöyle derim: "Ben çocuk değilim. İstediğim her şeyi elde etmem gerekmiyor. Benim önüme çıkan insanlar aslında kötü değil, yalnızca yanılıyorlar ya da kendilerine ait, benimkiyle uyuşmayan oldukça sağlam görüşleri var. Bu nadiren, onların kötü olduğu ve şiddetle cezalandırılmaları gerektiği anlamına gelir.

Yalnızca engelleneceğim ve yoluma devam edemeyeceğim anlamına gelir. Öyleyse ne olmuş? Ben bebek değilim ve buna dayanabilirim." Kendimle bu şekilde konuştuğumda öfkelenmem. Siz de kolayca aynı şeyi yapabilirsiniz.

Öfkeli insanlara önerim, çenelerini kapalı tutmayı öğrenmeleridir. Patlamadan önce bir kez daha berrak bir biçimde düşünün ve tam olarak hak etmeseniz bile, neden istediğiniz her şeyi elde etmeniz gerektiğini kendinize sorun. Haklı olmakla, hak etmek birbiriyle ilgisizdir. Burası cennet olsaydı, her istediğiniz şeyi elde ederdiniz. Ama burası cennet değil. Burası dünya ve bazen hak edenle dürüst olan hak ettiklerini almazlar.

Haklı öfke tartışmasını ortaya atmayın. Her öfke haklıdır yoksa ilk önce, öfkeden köpürmez veya küskün olmazdınız. Tartıştığınız kişi de sizin düşündüğünüz haklı saçmalığı düşünmektedir. Bu yüzden o tartışmayı hiç kullanmayın, hiç tutar yanı yoktur.

Korku

Korkuyu yaratan üç mantıksız düşünce vardır. İlki sizi korkutan şeydir. (5 no.'lu mantıksız düşünce) Örneğin herkes, yüksek yerlerin, hayvanların, kayak yapmanın, tüplü dalışın ya da yaralanma olasılığının sizi korkuttuğuna inanır. Ama korkutmazlar. Hayvanlar tırmalayıp ısırabilir, yüksekten düşmek sizi öldürebilir, kayak yapmak bacağınızı kırabilir ya da sizi felç edebilir vs. Ama, yaralanabileceğiniz için korkmanız gerektiğini söylemek doğru olmaz. Aslında yaralanma olasılığıyla, hayatınızın her günü boyunca karşıya karşıyasınız. Fakat içinde sizi havaya uçurabilecek bir gaz ocağı bulunan bir evde uyumaktan korkmazsınız. Asansöre bindiğinizde, karşıdan karşıya geçerken ya da uçağa binerken de her zaman paniğe kapılmazsınız. Bazı insanlar, bu her günkü etkinliklerden dehşete kapılırlar, diğerleriyse kapılmazlar. Farkları nedir? Aynı olayları yaşarlar ama bazıları olayın tümünü nispeten sakin karşılarken, diğerleri korkar, heyecanlanır veya telaşlanır. Fark, bu iki grup insanın sahip olduğu inançlardadır.

Geçmişte ne zaman müşterilerimin dikkatini bu noktaya çektiysem, alay ettiler. İnsanın, örneğin bir aslandan korkmak zorunda olmadığı fikri, çoğunun kolayca kabul edemeyeceği bir şeydi. Bir süre önce, Psychology Today dergisinde, defalarca hayvanlarının saldırısına uğrayan, vücudunda beşyüzün üzerinde dikiş bulunan Avrupalı bir hayvan terbiyecisini okudum. Bu bile onun, hayvanlarıyla birlikte sirk meydanına dönmekten korkmasını sağlayamamıştı.

Korkmamızın ikinci nedeni, bir şeyin dayanılmaz olduğuna dair beslediğimiz inançta yatar (4 no.'lu mantıksız düşünce). Kötü bir not aldığımızda, boşandığımızda, işimizi kaybettiğimizde ya da çok sevdiklerimiz tarafından dışlandığımızda, sürekli böyle düşünürüz. Bunların hepsi kesinlikle rahatsızlık verici ve talihsiz olaylardır, ama dehşet verici, korkunç, dayanılmaz ya da felaket değillerdir. Ancak bizim nörotik inancımız, başımıza tatsız şeyler gelmesinin yalnızca şanssızlık değil, dünyanın sonu olduğudur. Birbirimizle bu felaket dolu terimleri kullanarak konuştuğumuzda ve olayların korkunç, berbat, dehşet verici ya da dayanılmaz olduğuna inandığımızda, muhakkak çok perişan oluruz. Bunun yerine, normal bir şekilde kaygılı, kızgın ve hayal kırıklığına uğramış olalım. Bu, korkmaya, sinirli olmaya ve endişelenmeye göre büyük bir gelişmedir.

Üçüncü korkup sinirlenme biçimimiz, kötü bir şey olabileceği zaman, bu olasılığa odaklanıp bunun üzerinde durmamız gerektiğine inanmamızdır (6 no.'lu mantıksız düşünce). Böylece hiçbir şey yokken kendimize nörotik duygular yaratırız. Eğer hep olabileceklerin üzerinde yoğunlaşırsak, bunun bir şekilde olayın meydana gelmesini önleyeceğine inanırız. Tam aksine, çoğu kez, bir şey için ne kadar endişelenirsek, onun meydana gelmesi o kadar muhtemel olur. Örneğin, bir konuşma yapıyorsanız ve söyleyeceklerinizi unutacağınızdan endişe duyuyorsanız, dikkatinizi konuşmanıza vermezsiniz ve söyleyeceğinizi unutma olasılığınız artar.

Eğer korkularınızın çoğu üzerinde kontrolünüz olmasını istiyorsanız, ilk önce, sizi başka şeylerin üzdüğüne inanmayın. İkincisi, yalnızca bir üzücü dert varken, her şeyin felaket olduğunu söylemekten vazgeçin. Ve üçüncüsü, bir şey rahatsız edici olacağı için, hep onu düşünmeniz gerektiğini sanmayın. Bu yalnızca işleri kötüleştirir.

Peki ya o endişe nöbetleri? Kimi zaman insanlar korkunç bir şey yüzünden çok asabi olurlar. Tehlike geçebilir fakat onlar, sinirli oldukları zaman boyunca ne kadar perişan olduklarını unutmuş görünmezler. Kontrollerini yitirmiş gibi, kendilerine anlayamadıkları komik bir şey oluyormuş gibi hissederler. Bazıları, belki de akıllarını kaybetmekte ve ciddi bir duygusal krize girmekte olduklarını bile hissetmiştir.

Daha sonraları akıllarından asabi bir duygu veya bir endişe geçtiğinde, belki de yine o garip ve ürkütücü duygulardan birinin geldiği düşüncesine kapılırlar. Bu sefer bunun için endişelenmeye başlarlar. Ve tabii ki başka bir panik nöbetine ve bir diğerine, bazen günde birkaç tanesine, yol açan da kesinlikle budur. Bunun bir felaket olduğuna dair hiçbir kanıt yokken bile, başka bir endişe nöbeti geçirmelerinin bir felaket olacağına inanırlar. Elbette bu hoş bir olay değildir, ama katlanılmayacak bir şey de değildir. Tatsızdır fakat öldürücü değildir. Ve son olarak, başka bir telaş nöbeti geçirebilecek olmaları, nadiren, her an bunu düşünüp, bunun için endişelenmeleri gerektiği anlamına gelir.

İşleri Erteleme

Pek çok insan işleri ertelemeyi esas duygusal rahatsızlık olarak önemsemez. Bu ilk anda sorun yaratmadığındadır. İşleri erteleme ilk başta harika hissettirir çünkü ayartılmış ve adamakıllı zevk almışızdır. Gittiğiniz film çok eğlenceli olabilir ama dönem ödevinizi bitirmemişsinizdir. Şimdi kandili yakmak, acınası bir iş çıkarmak ve aceleyle kalitesiz bir ürün sunmak zorundasınızdır. Notlarınız böyle düşer, kariyeriniz böyle söner. Belki, eğer bunu huy edinirseniz okuldan bile atılabilir ve hayatınızın tüm yönünü değiştirirsiniz. Kişinin sorumluluklarından kaçınmasının tehlikelerini göstermek için kim bilir daha kaç örnek kolayca verilebilir!

İstediklerini elde eden insanların genellikle hayattan şikayet edenlere göre kendi disiplinleri üzerinde çok daha iyi kontrole sahip olduklarını görürüm. Gördünüz, işleri erteleme üzerinde uzmanlaşmak bir kendini disiplin altına alma meselesidir. Eğer kendinizi nasıl disiplin altına sokacağınızı bilmezseniz kendi kontrolünüz altında değilsinizdir. Her aptalca heves sizi yeni bir doğrultuya savurur ve neyin peşinde olduğunuzu unutursunuz. Eğer kenarda ilginç bir şey gördüğünüz her zaman yan yola saparsanız, bir noktadan diğerine makul bir şekilde nasıl yolculuk edebilirsiniz ki? Eğer nereye gittiğinizi biliyorsanız ve işe devam etmek için kendinizi disipline ederseniz, muhtemelen amacınıza ulaşırsınız. Ve insanların yan yola sapmak veya amaçlarını ertelemek için kendilerine izin vermelerinin nedeni, sırları -kendini disipline sokmak için basit kuralları bilmemeleridir. Eğer öz-disipline sahip bir insan olmak ve yeteneklerinizden en iyi biçimde yararlanmak istiyorsanız, gözetmeniz gereken 5 basit gerçek aşağıdadır.

Öncelikle, zorlu görevlerle yüzleşmek onlardan kaçmaktan daha kolaydır. Eğer kötü bir durum için hiçbir şey yapmazsanız, zaman çok nadiren her şeyi yoluna koyar. Televizyon seyrettiğiniz için bulaşıklarınız yıkanmaz. Antrenman yapmadan iyi bir tenis oyuncusu olamazsınız. Eğer egzersiz yapmazsanız kilo veremezsiniz. Kısacası, eğer bir şeyi yapmak zorsa, bunu yapmak, yapmamaktan daha kolaydır. Anne babalar, sık sık, başka bir çirkin sahneyle yüz yüze gelmek zorunda kalacaklarını bildiklerinden, çocuklarıyla karşı karşıya gelmekten kaçınırlar. Onun için, çocuğu, eve geç geldiği için, kendilerine cevap verdikleri için ya da kardeşleriyle kavga ettikleri için azarlamazlar. Ve anne babalar bu sonraki kavgadan sakındıkları için, sessiz kalırlar ve sorun daha kötüye gider.

İkincisi, yapmak, iyi yapmaktan daha önemlidir. Eğer, (bir çoğumuza öğretildiği gibi) bir şey, yapmaya değerse, onu iyi yapmaya değeceğine ya da bir şeyi doğru yapamıyorsan, hiç yapmamanın daha iyi olduğuna inanıyorsanız, bir saçmalıkla körleştirilmişsiniz demektir. Durun ve bu ifadelerin ne kadar gülünç olduğunu düşünün. Örneğin, eğer bebek iyi yürüyemiyorsa, yürümekten vazgeçsin mi? Yeni yetişen bir piyano öğrencisi, iyi çalamıyor diye piyano çalmayı bıraksın mı? Dans etme beceriniz hakkında ilk birkaç denemenize göre hüküm verseydiniz, dans etmeye hiç devam eder miydiniz? Gerçekte, her şeyi ilk istendiğinde kötü yapmışsınızdır ve sonra, sadece uzun süre kötü yapmaya devam ettiğiniz için düzelmişsinizdir.

Ben bazı şeyleri yetersizce, hatta bazen kötü yapmanın, hiç yapmamaktan daha iyi olduğunu savunuyorum. Bir sonraki müşterisine yaklaşırken kötü bir iş yapacağını düşünen satıcı, pekala başarısız olabilir, ama en azından başarısızlığından ders alıp, belki de zaman geçtikçe kendini geliştirir. Pratiğe ne oldu?

Üçüncüsü, büyük bir görevi küçük parçalara bölün. Kaç kez, yapmakta olduğunuz şeyden sıkıldığınızı fark ettiniz? Ve kaç kez, zamanınız olmadığı için bir görevi yerine getiremeyeceğinizde ısrar ettiniz? Bu soruların ikisi de, tek bir problemi alıp bunu bir dizi daha ufak probleme indirgemediğiniz için ortaya çıkar. Böyle yapsaydınız, daha çok şey yapabilir ve yaptığınızı da acele etmeden yapardınız. Bu, birçok insanın asla hükmedemediği öz-disipline ilişkin sezginin mücevherlerinden biridir.

Eğer büyük bir işin yapılmasını istiyorsanız onu yavaş yavaş yapın. Sıkılmayacağınızı garanti ediyorum; nasıl gittiğinizi görmek, çalışmanızı gözden geçirmek için de zaman ayırırsınız, ve en önemlisi işi yaparsınız. Hepimiz garajımızı temizlemek için bütün bir güne ihtiyacımız olduğunu düşünmüş ve daha yakından inceleyince, bunun sadece iki saat aldığını görmüşüzdür. Her yazar, o büyük romanı bitirmek için gerçekten ihtiyaç duyduğu şeyin, kilometrelerce uzaktaki ahşap bir kulübede altı ay kapalı kalmak olduğunu söyler. İhtiyaç duyduğu şey, bir iş üzerinde iyice düşünebileceği, günde yarım saattir. Herhalde altı ayda işini bitirmiş olacaktır. Kitaplarımın çoğunu böyle yazmışımdır.

Dördüncüsü, sık sık kendinizi ödüllendirin. Ödüllendirilmeyen davranış genellikle sürdürülmez. Eğer bir işe devam etmek istiyorsanız, kendi kendinizin sırtını sıvazlamanız gerekir, çünkü bu, çalışmayı sürdürmenizi sağlar. Eğer başkaları sizi ödüllendirmiyorsa, kendi kendinizi ödüllendirmemeniz için hiçbir neden yoktur. Bunu tam anlamıyla, dışarıda iyi bir yemek, sinemaya gidilen bir gece ya da bir giyim eşyası gibi maddi bir ödül vererek yapabilirsiniz. Ya da kendinize övgü gibi psikolojik ödüller de verebilirsiniz. Ne olursa olsunlar, eğer uygunsa, küçük ve sürekli olsunlar. Gözle görülür bir ilerleme gösteremeseniz de en azından vazgeçmediğiniz için kendinizi ödüllendirin.

Son olarak, otopsi yapın: Ne zaman bir şeyi doğru yapsanız, onu yine yapabilesiniz diye, neyi doğru yaptığınızı çözümlemek için zaman ayırın. Ve ne zaman bir şeyi yanlış yapsanız, gelecekte o hatadan kaçınabilmek için, kendinize neyin yanlış olduğunu sormaya zaman bırakın. İşte otopsi budur. Yapıldıktan sonra davranışınızı analiz edersiniz, kendinizi zihinsel açıdan harap ederek vakit harcamaz, yalnızca yaptığınızdan ders alıp, bunu düzeltmeye çalışırsınız. Kendinizden nefret ederek ne kadar zaman harcarsanız, neyi yanlış yaptığınızı öğrenmeye o kadar az vakit ayırırsınız. Deneyiminizden yararlanmak istiyorsanız, onu inceleyin.

Kendinizi düşük başarı düzeyiniz yüzünden küçük düşürmeniz, başarınızı daha da azaltacaktır. Unutmayın, denediğiniz sürece başarısız değilsinizdir. Ancak denemekten vazgeçerseniz başarısız olursunuz. Kazananlar da tıpkı kaybedenler gibi hata yapabilir. Aslında, daha da fazla hata yaparlar. Bence, onları ayıran özellik, kazananın, hataları için kendinden nefret etmeye ya da kendini suçlu hissetmeye enerji ve zaman harcamamasıdır. Ve yeniden denemekten de korkmaz. Kazananlar hatalarından ders alırlar.

İnsanların zaman zaman bu noktayı anlamakta ne kadar zorlandıklarını görerek hayret ederim. Hepimiz, benzer durumlara, sürekli aptalca tepki gösteren arkadaşlar ya da aile üyeleri tanımışızdır. Bir kimse, hepsi de aynı neden yüzünden, bir dizi boşanma yaşayabilir ve bunların niçin olduğu hakkında en ufak bir şey anlayamayabilir. Asla şu basit soruları sormaya zaman ayrılmamıştır ,"Ben ne yapıyorum? Yaklaşımımda yanlış olan nedir? Gelecek sefer neyi farklı yapabilirim?" Eğer hatalarımızı değiştireceksek ve sürekli artan bir başarı düzeyi elde edeceksek, bu ve buna benzer sorular gereklidir.

Ne zaman bu tuzağa düşmekte olduğunuzu ve daha önce defalarca yaptığınız gibi başka bir hata yapmak üzere olduğunuzu, nasıl anlarsınız? Bunun birkaç yolu vardır.

İlki, bir şeyler kötü gittiği anda, kendi kendinize bir liste çıkarın - dürüst olmaya dikkat ederek - ve yanılmış olabileceğinizi düşündüğünüz şeyi kendinize itiraf edin. Problemin ne olduğunu kendinize sormadan önce, üç işten kovulmayı beklemeyin. Bunu ilk seferinde yapın. Eğer bir kez bile benzininiz biterse, kendinize bunun nasıl olabileceğini sorun.

Sadece gerçeği gözlemleyip, sonra da bir bidon benzin bulmaya gidip, hiçbir şey olmamış gibi devam etmeyin. Bu tür bir gözlemle hiçbir şey kazanmış olmazsınız. Kendinize neden benzin deposunun seviyesinin düştüğünü fark etmediğinizi sormanız gerekir. Herhalde, göstergeye birçok defa bakmış fakat dikkat etmemişsinizdir. Öyleyse, bu niçin tekrar başınıza gelmesin? Yine başınıza gelmesi çok kolaydır.

En başarılı ve en zeki meslektaşlarımdan biri, sürekli arabasını kilitleyip anahtarı arabanın içinde unuturdu. Bu adam aptal değildi ama bu bakımdan kendine karşı kayıtsızdı. Neden defalarca arabasına giremediğini anlamak için hiçbir teşebbüste bulunmazdı. Gülünç değil mi? Elbette, adamın, kolaylıkla cebinde yedek bir anahtar taşıyabileceğini ya da kapıyı içerden kilitleyip kapıyı kapamak yerine, her zaman dışarıdan kilitlemesi gerektiğini kendine hatırlatmaya çalışabileceğini hesap etmek için bir dahi olmaya gerek yoktur. Tabii ki, kapının dışarıdan kilitlenmesini gerektiren ve pistonu aşağı itip kapıyı çekerek kapanmayan bir araba modeli alacak kadar parası da vardı.

İnsanların ders almamalarının ikinci nedeni de hatalarına mantıksal olarak değil de duygusal olarak tepki göstermeleridir. Feryat edip her şeye kusur bulmaya girişmek ve en önemli noktayı; alınacak bir ders olduğunu kaçırmak çok kolaydır ve herkes düşünmeye ve doğru soruları sormaya ne kadar erken zaman ayırırsa, bu hatalar gelecekte o kadar çabuk önlenir.

Öğrenmememizin başka bir nedeni de, bir hata yapar yapmaz, buna gerekçeler göstermekle çok meşgul olmamızdır. Bir şeyi yüzünüze gözünüze bulaştırdığınızı itiraf etmeye gönüllü olmadıkça, bunu değiştirmek için yapabileceğiniz hiçbir şey yoktur. Değişim, bir yanlışınız bulunduğunun ve kendinizi geliştirmenizin daha iyi olacağının farkına varmanızın sonucudur. Bir şeyi, işte o zaman değiştirebilirsiniz. Ne zaman bir hata meydana gelse, yalnızca kimi ve neyi suçlayabileceklerini düşünenler, güvensiz insanlar, yani yine kaybedenlerdir. Suç, aletlerde, havada, veya başka birindedir. Ya da, eğer kazara, suç gerçekten bunlardaysa, o zaman, tam benim öğütlediğim gibi yapmaları ve aletler, hava veya işin içindeki insanlar hakkında ne yapmak niyetinde olduklarını kendilerine sormayı sürdürmeleri iyi olur. Onlar değişmedikçe, problem varolmayı sürdürecektir. Kulağa basit geliyor, değil mi? Ve kavraması da kolay. Ama bir an bile yapmanın kolay olduğunu düşünmeyin.

Kıskançlık

Kıskançlık, belki de bu bölümde dikkate alınan davranış tipleri arasında, en aşikar biçimde kendi sonunu hazırlayanıdır. Kıskanç insanlar, sevdikleri kimselerin kendilerini sevmesini öyle çok isterler ki, onları, hayal bile edemeyecekleri bir hızla, kendilerinden uzaklaştırırlar. Onlara bağırırlar, onları boğar, tutsak haline getirir, en küçük zevklerden men ederler ve hep, sevilmek istediklerinde ısrar ederler. Hangi aklı başında insan, kıskançlığın ve sahiplenmenin tutsağı olmaktan hoşlanabilir ki?

Karısı ilk evliliğinden olan çocuklarını eğlendirmeye çalıştığında, anne babasını Pazar akşamı yemeğe çağırdığında ve hatta telefona ya da kapıya baktığında öfkeden köpüren bir kocası olan bir kadın tanıyorum. Kadın, arkadaşlarını misafir etmeyecekti, kocasının onaylamadığı biriyle de konuşmayacaktı ve neredeyse gözleri yere dikili yürümek zorundaydı. Ve kocası hala onun kendisini sevmesini bekliyordu.

Bu beyle hiç karşılaşmadım ama sevgi dolu bir ilişkiyi ciddi şekilde yaraladığını kalbinin derinliklerinde fark edemeyecek kadar kör olduğunu gözümün önünde canlandırmakta güçlük çekiyorum. Zaman geçtikçe, kendisiyle karısı arasında daha büyük bir uzaklık yarattığını kesinlikle anlamış olmalıdır. Kadın altın yaldızlı bir kafesteki mutsuz bir kuştu ve eğer ufacık bir kendine güven ve sağduyu kırıntısı olsaydı, bu saçmalığa asla katlanmazdı.

İşte, kıskanç insanların yaptığı üç hata. İlki, aşağı insanlar olduklarını düşünürler. Sevdiklerinin konuştuğu her insanın bir tehlike olduğundan korkarlar. Kocalarının, karılarının veya sevgililerinin konuştuğu ya da hoşlandığı en iyi ve tek kişi olmaları gerektiğini hissederler. Aslında şöyle söylemektedirler, " Ben işe yaramam. Beni neden sevdiğini anlayamıyorum ve başka birini birazcık bile tanırsan, o kişiyi bana tercih edeceğini biliyorum."

İkincisi, aşağı oldukları için (olsalar bile yalnızca bazı yönlerden), bu zayıflıkları yüzünden dışlanacaklarına inanırlar. Eşlerini aynı nedenle dışlayıp dışlamadıklarını kendilerine bir sorsalar, böyle bir görüşün ne kadar mantıksız olduğunu anlarlardı. Eşlerini, en güzel yüzlü, en zengin, en başarılı ya da en parlak olmadıkları için dışlarlar mı? Hiç de değil?

Ve üçüncüsü, dışlanmanın dayanılmaz ve birinin değersizliğinin kesin kanıtı olacağına inanırlar. Ama dışlanmanın o kadar acı verici ve değersizliğin kanıtı olmadığını, buna göğüs gerilebileceğini anlamanız çok önemlidir. Kısacası, insanların eşlerinin sevgilerine ihtiyaçları yoktur. Bir insan olarak değerlerinin yalnızca sevilmek ve onaylanmaktan geldiğini ve sevilmezlerse bir hiç olacaklarını düşünürler. Şu şarkı adıyla yönlendirilirler, You're nobody till somebody loves you (Biri seni sevinceye dek hiç kimsesin). Tarihte bundan daha nörotik bir şarkı adı var mıdır? Dışlanmak, ancak siz incitmesini sağlarsanız incitir. Sizi yaratanın ya da yok edenin, birinin size gösterdiği sevgi olduğu fikrinden kurtulduğunuzda, en mükemmel aşık, en iyi dansçı ya da en iyi eş olmayabileceğiniz gerçeğinden o kadar korkmazsınız. Ve öyle olmak zorunda da değilsiniz. Eşinizi, tıpkı onun sizi sadece makul derecede memnun ettiği gibi, makul ölçüde tatmin ettiğiniz sürece, ilişkiniz emniyettedir. Sevilmek zorunda olmak konusunda aşırıya kaçmaya bir başladınız mı, o insanı bırakmamak için nörotik bir endişe duyarsınız. Ve tabii ki, sevdiğinizi ne kadar çok kontrol etmeye çalışırsanız, onu o kadar çabuk kaybedersiniz.

İki noktaya dikkat çekerek bunu kanıtlayabilirim. İlki, eğer sevgiliniz ölürse ya da elli yıllık hapis cezasına Çarptırılırsa veya orduya alınıp denizaşırı gönderilirse, size ne olacak? Ayakta kalmayı başaramaz mıydınız? Ve ikincisi, kocalarını, karılarını kendilerinden uzaklaştırdıklarında insanlara ne olur sanıyorsunuz? Ölmezler. Çıldırmazlar. Yalnızca üzülürler ve bir süre sonra başka bir sevgili bulurlar. Bazen, biri tarafından ihtiyaç duyulmayı öyle şiddetle isterler ki, oldukça çabuk evlenirler. Yine de öteden beri, varlıklarını sürdüremeyeceklerini ve hayattan zevk alamayacaklarını ya da kendilerinden uzaklaştırdıkları insan tarafından sevilmemeye dayanamayacaklarını söylemişlerdir.

Hayatta kazananlar, diğer insanları yaşamlarında o kadar önemli hale getirmezler. Hala kendilerine saygıları vardır ve eşleri başkalarıyla konuştuğunda tehdit altında değildirler. Partilere gittiklerinde rahatlarlar ve bu, onlarla olmayı eğlenceli yapar. Ve iyi arkadaşlık ettikleri için, eşlerinin dünyada yapmak isteyecekleri en son şey, onları terk etmektir.

Bu nedenle, eğer kıskançsanız, bu konuda sessiz olmanızı öneririm. Eşinize baskı yapmayın ve kafa ütüleyici olmayın. Bunun yerine, eşinizin başkalarının arkadaşlığından zevk almasına izin verin. Bu şekilde, iyi zaman geçirecek ve sizinle birlikte olmaktan daha çok zevk alacaktır. Ve siz, birlikte olunması bu kadar güzel biriyken, neden biri sizden vazgeçsin ki? İşte zeki insanlar kendilerini böyle yönetirler. Kıskanç kimseler kendilerine karşı kayıtsız olanlardır, kendilerine özen gösterenler değil.

Öyleyse, kendinizi kontrol edin. Enerjinizi öfke ve suçlamaya suçlamayla karşılık vermeye harcamak zorunda olmadığınızı unutmayın. Öz-denetiminizi ve disiplininizi geliştirirseniz, zamanla, insan olarak kendinize daha çok değer verdiğinizi göreceksiniz.

5

ARTIK YETER

En sık ilgilendiğim tek problemi tahmin edebilir misiniz? Anne babalara yeni çocuk yetiştirme metotları öğretmek mi? Hayır. İşsizlerin depresyonlarını azaltmak için yardım etmek mi? Hayır. Veya seks hayatlarını geliştirmek için çiftlere yardım etmek mi? Tekrar hayır. Ve kötü çalışma alışkanlıkları veya utangaçlık, alkolizm veya uyuşturucu kullanımı da değil. Aşırı pasiflik.

Az önce değindiğim problemlerin bazıları, ve çok daha başkaları, bu alabildiğine yaygın durumla doğrudan doğruya ilgilidir. Pek çok anne baba, odalarını toplamayan, ufak tefek ev işlerine yardım etmeyen veya sokağa çıkma yasağından önce eve gelmeyen çocuklarına nasıl davranacaklarını bilmek isterler. Çocuklarının üzerinde kontrollerini kaybetmişlerdir ve gerçekte, işbirliği yapmak için onlara baskı uygulamaya korkarlar.

Erkekler ve kadınlar, sürekli, akrabalarının, hatta anne babalarının, arkadaşlarının ve işyerindeki insanların, onlardan yararlandıklarından şikayet ederler. En sık rastlanan şikayet, aile üyeleri, özellikle kocaları tarafından bastırılmış kadınlardan gelir. Bazen erkekler karıları tarafından suiistimal edildikleri ve takdir edilmediklerinden şikayet ederler, ama onlar, öfke, depresyon, kalp kırıklığı, güvenlikleri için korkma sebepleriyle yardım aramak için danışmanlara üşüşen kadınların sayısıyla kıyaslandığında çok azdırlar. Kadınlar, işimde karşılaştığım en pasif ve suiistimal edilmiş gruptur. Onlar, ailelerini memnun etmek için inanılmaz çok çalışan, sonunda kendilerini tükenmiş ve ezilmiş hisseden modern zaman köleleridir.

Bu kadınların birçoğu durumlarını kabul etmeyi reddederler. Böyle yapmak zorunda değillerdir. Kendilerine, durumu kabullenmekten ya da kendilerini besleyen bir erkekleri olmadığı için sokağa atılmayı göze almaktan başka çare bırakmayan, ekonomik zorlukların sıkıntısını çeken anneleri ve büyükannelerinden beri zaman değişmiştir. Günümüzde, kadınlar kendi maaş çeklerini alırken, sessiz kalma gereği yok olmuştur. Bu yüzden kadın dergileri okurlar, destek gruplarına katılır ve onlar için önemini yitiren evliliklerle başa çıkmalarına yardımcı olacak danışmanlıklara giderler. Ayrılık ya da boşanma istemezler. Günümüzde kendilerine, annelerinin yapabildiğinden çok daha iyi bakabilseler bile, hala, yitirmekte oldukları sevgilerini sürdürmek isterler. Ve ben de onlar için bunu isterim.

Bu kitabı okumakta olan siz erkeklerin, beni taraf tutmakla suçlamamanızı içtenlikle umuyorum. Taraf tutmuyorum. Çok çalışan kocalarından utanç verici biçimde yararlanan, bir sürü olgunluktan uzak ve düşüncesiz kadın bulunduğunun tamamen farkındayım. Ve onlar benim yardımımı istediklerinde, kalbim sızlıyor. Adaletsizlik kördür. Erkekler de kadınlar da, başkaları tarafından kullanılmaktan ve başkalarının düşüncesizliğinden dolayı acı çekerler. Ve sebep hep aynıdır: Kendine karşı kayıtsızlık.

Bu bölümde size öğreteceklerim, aşırı pasiflikten muzdarip herkese uygulanabilir. Bu konuda yanlış anlaşma olmasın: Makul ölçüde haklarınızı savunmanız, eğer kendinizin ve başkalarının mutluluğunu umursuyorsanız, yapabileceğiniz en önemli şeylerden biridir. İster azize olun ister süper iyi biri, ister alçakgönüllü olun ya da isterseniz kendini alçaltan bir fedakar, ama bunu, sorumluluğu üzerinize alarak yapın. Hepimizin hayatında gerçek bir tehlike karşısında yelkenleri suya indirmek zorunda kaldığımız birçok an vardır. Fakat yaşamımızda böyle yapmadığımız anlar daha fazladır. (Kabul edilemez bir davranışa karşı koymanın yerinde, ahlaka, dinsel öğretilere uygun ve basitçe sağlıklı olduğu anlar.)

Her gün ofisimde müşterilerime ya da ders veya seminerlerdeki dinleyici topluluklarına öğrettiğim gibi, size bu kitapta, psikolojinin geçtiğimiz otuz yılda çok geliştiğini ve insanlara, dik durmayı, haklarını savunmayı ve başkalarına hükmetmektense onları işbirliğine sevk eden davranışlarla hayatlarına değer kazandırmayı öğretme yeteneğine tamamen sahip olduğunu öğretmek istiyorum.

Bunu yapmak için kendini ortaya koyma psikolojisi ve duygusal rahatsızlık psikolojisini öğrenmeniz gerekir. İkincisini öğrenmedikçe, ilkine erişemezsiniz. Önemli karalar verirken, bu iki dersi tamamladığınızda ve Rasyonel Duygu Terapisini (bkz. 4.Bölüm) uyguladığınızda, kendiniz için çok önemli bir şey yapmış olacaksınız: Kendinize karşı kayıtsız olmayı bırakacaksınız. Yaşamınızın değişmek üzere olduğuna, şimdi - hemen şu anda - karar verin ve onu anlamlı biçimde değiştirin. Artık yeter!

İşbirliği, Saygı ve Sevgi

Duyduğumuz mutluluk ve hoşnutluk derecesi, başkalarından gördüğümüz işbirliği, saygı ve sevgi düzeyi ile kuvvetle bağıntılıdır. Kendine karşı ilgili insanlar, başkaları için önemli olmanın yolunun, onlara karşı işbirliğine istekli, saygılı ve sevgi dolu olmaktan geçtiğini çok iyi bilirler. Ama mutlu ve hoşnut kalmak için kendilerinin de başkalarının işbirliğine, saygısına, sevgisine ihtiyaçları olduğunu da bilirler. Başkalarını size karşı daha fazla işbirliğine, saygılı ve sevecen olmaya teşvik etmek için, ikisi de klinik psikoloji doktoru olan Clifford ve Charles Madsen'den uyarladığım, uymanız gereken üç kural vardır.

Kural 1: *Eğer insanlar size iyi bir şey yaparlarsa, siz de onlara iyi bir şey yapın.*

Kural 2: *Eğer insanlar size kötü bir şey yaparlarsa, onlara yine de iyi bir şey yapın, ama yalnızca iki kez.*

Kural 3: *Eğer insanlar size kötü davranmaya devam ediyorlarsa ve onlarla konuşmak bir işe yaramadıysa, o zaman, onları aynı derecede üzecek bir şey yapın, ama bunu, öfkeyle, suçlulukla, acımayla, dışlanma veya incinme korkusuyla yapmayın.*

1. Kural, çocuklarımıza ve evcil hayvanlarımıza işbirliği yapmayı, saygılı ve sevgi dolu olmayı öğretirken çok etkili olduğunu hepimizin gördüğü, bir sağduyu pekiştirme kuralıdır. İyi bir davranışı her pekiştirdiğimizde, daha da güçlenir. Güçlendikçe, tekrarlanma olasılığı da artar. Başkalarına karşı, onlar bize iyi davrandıkları için, iyi olduğumuzda, hareketlerimizle bize yapılanı takdir ettiğimizi söyleriz. Bu başkalarının bize karşı daha nazik olmalarına yardımcı olur. Sevgililer, eşlerinin derin duygularının kanıtını, bir sevecen hareketin nasıl bir başkasıyla karşılandığında bulur. Hiçbir şey, başkalarını, onlara önem verdiğinize inandırmakta daha etkili olamaz.

Başkalarını, iyi davranışları için ödüllendirmek, tüm davranışlar içinde en basit fakat en yararlı olandır. Bu bize nazik bir sözcük ya da jestten daha fazlasına mal olmaz. Yine de, övmek, rahatlatmak ve yüreklendirmekte cimriyizdir. Bunların yerine, çok kolaylıkla kusur buluruz ve bu kusurları, söyleyecek güzel bir şey aramak aklımıza bile gelmeden önce, hiç çekinmeden söyleyiveririz.

Kendinize bir iyilik yapın ve insanların sizden hoşlanmalarını sağlamaya başlayın. Onlara karşı ne kadar iyi olursanız, genellikle onlar da size karşı o kadar iyi olurlar. Öyleyse neden, kendiniz onlara iyi davranıp, size iyi davranmayı sürdürmeye teşvik ederek, ailenize, dostlarınıza ve çalışma arkadaşlarınıza kendinizi sevdirmiyorsunuz? Karınıza size yaptığı o özel yemek için teşekkür edin. Kocanıza çim biçme makinesini onardığı için teşekkür edin. Çocuğunuza, eve geldiğinde ceketini astığı ve odasını topladığı için teşekkür edin. İşbirliğini, saygısını, sevgisini elde etmeye çalıştığınız kimseyi memnun edecekse, çiçek verin, çikolata alın, bir gece sinemaya götürün, tatilde yolculuğa çıkarın, ya da başka bir şey yapın. Bu ödüllerin önemsiz olduğunu düşünmeniz bir şey fark ettirmez. Ne olursa olsun, diğer kişiyi hoşnut ediyorsa, bunları yapın. Belki güller birkaç günde solacaktır ve belki bunun para israfı olduğunu düşünüyorsunuzdur. Ne istiyorsanız düşünün, ama kendinize karşı kayıtsız olmayın ve 1. Kuralı unutmayın. Eğer diğer insan, bunun ödül olduğunu düşünüyorsa, ödüldür.

Fakat biri size kötü bir şey yaparsa, yanıtınızın ne olacağına karar vermek pek de o kadar belirli bir mesele değildir. İlk yanıtınız, kötülüklere sırtınızı dönerek, size karşı kötülük yapanları sevmek olmalıdır. Kızmayın. Diğer kişinin yaptığı kötülüğü bağışlayın. Sabırlı ve hoşgörülü olun. Yanlış bir şey yapılmışsa, belki de istemeden ya da kazara olmuştur. Bunu yeniden konuşun. Herkesin dinlenmeye hakkı vardır. Örneğin, eğer biri sizi karşılayacaksa ve geç kalırsa, bu ilk kez olduğunda birden öfkelenivermek yanlış olur. Bunun hakkında konuşmak isteyebilirsiniz, ama bunu sakince yapın. Eğer bu yine olursa, yine aynısını yapın.

Fakat, 2. Kuralı izleyerek, bunun iki kez olmasına izin verin. Üçüncü, dördüncü, beşinci şansları vermeyi veya uyarılarda bulunmayı önermiyorum. Kötü bir şey yapan birine her iyilik yapışınızda, yapılan kötülük güçlendirilmiş olur. 1.

Kuralı hatırlayın: Davranışı ödüllendirmek, onu pekiştirir - bu, iyi davranış için de, kötü davranış için de aynı şekilde doğrudur.

Öyleyse, neden birine, başka bir hareketi hesaba katmadan önce iki şans vermeli? Çünkü bu makul bir risktir. Birçok insan, kötü davrandıklarında, daha sert muameleye gereksinim duymazlar. Olgun ve sorunsuz insanların, davranışlarını değiştirmek için ihtiyaç duydukları tek şey, bir açıklama ya da tartışmadır.

Ama eğer iki konuşma işe yaramazsa, ne olacak? Bazı kimseler kötü davranışa her zaman iyi davranışla karşılık vermemiz gerektiğinde ısrar ederler. İki kez değil, her zaman. Bize karşı haksızlık yapanları affetmemiz gerektiğini söyleyenler, yanlış yapanın en sonunda değişeceği inancıyla, sonsuz kötü davranışa hoşgörü göstermemiz gerektiği anlamına geldiği kanısındadırlar.

Ben bunu kabul etmiyorum. Kötü davranışı, bunu hoş görerek, ödüllendirip güçlendirmek anlamsızdır. Bir yanlışı bağışlamak (bu, kızmamak demektir) başkadır, bir yanlışı hoş görmek (bu, suçlunun yaptığı için pişmanlık duymasını sağlamamak demektir) başkadır. Ben, tüm kötü davranışları her zaman bağışladığımızda, fakat bunu iki kereden fazla hoş görmediğimizde, ahlaka en uygun biçimde hareket etmiş olacağımıza inanıyorum.

Öyleyse, birine üçüncü bir şans vermek yerine, ne yapmalısınız? Kabul edilemez bulduğunuz bir durumu ele alırken, dört seçenek vardır:

1. Seçenek: Gücenmeden hoşgörü gösterme.

2. Seçenek: Karşı çıkma.

3. Seçenek: Ayrılma.

4. Seçenek: Gücenerek hoşgörü gösterme.

Hangisini seçeceğiniz, ne kadar hüsrana uğramış olduğunuza, durumun, ne denli tehlikeli olduğuna ve ne zamandan beri sürdüğüne bağlıdır. İlk üçü, hissedeceğiniz gerilimi azaltmaya yardımcı olabilir, dördüncüsüyse gerilimi artırır ve eğer mümkünse bundan kaçınılmalıdır. Bir strateji, sırayla ilk üç seçencği uygulamak ve eğer üçüncü kabul edilemezse yeniden birinciye dönmektir. Şimdi, bu dört hareket yönünü inceleyelim ve avantajlarını, dezavantajlarını kaydedelim.

Yenilgiler yüzünden telaşlanmamayı, soğukkanlı kalabilmeyi ve istediğinizi elde edemediğiniz için paniğe kapılmamayı veya öfkelenmemeyi öğrenirseniz, ne kadar çok saçmalığa gücenmeden hoşgörü göstermeyi, Dr. Ellis'in söylediği gibi 'zarafetle tahammül etmeyi' başardığınıza şaşıracaksınız.

Eğer durumu değiştiremiyorsanız, belki de en iyisi ona katlanmaktır. Bu yaklaşımın güzelliği, problemin, onu kabullenmeye karar verdiğiniz anda problem olmaktan çıkmasıdır. Örneğin, eşiniz size boşanma davası açıyorsa ve onu, fikrini değiştirmeye razı etmenin hiç yolu yoksa, kendinizi meselenin gerçeğine teslim edin. Kendinize zarar vermeden, başka ne yapabilirsiniz ki? İstediğinizi elde edememeniz o kadar dayanılmaz mıdır (4.bölümdeki 4 no.'lu mantıksız düşünceyi hatırlayın) ? Haksızlığın, yalnızca kederlendirici ve can sıkıcı olmaktan çok, korkunç ve felaket olduğuna inandığınızda, şu dört biçimden biriyle tepki gösterirsiniz - bunalım, öfke, korku ya da işleri erteleme. Fakat, hayatın adil olmadığı ve belli ölçüde haksızlığa katlanmanız gerektiği tavrını kabul ederseniz ve eğer bunu gücenmeden yaparsanız, duygusal rahatsızlıkları önler, soğukkanlı kalır ve yaşamınızı daha iyi sürdürebilirsiniz.

Hepimiz, 1. seçeneği sık sık kullanırız. Ve böyle olması da akıllıcadır. Karşılaştığımız her yanlış yüzünden şikayet edip, fazlaca öfkelenecek kadar budala olsaydık, hayat dayanılmaz olurdu. Ama eğer şikayet etmek zorundaysak ne olacak? Genç bir bayanın nişanlısının uyuşturucu kullanmasını hoş görmek istemediğini düşünün. Ya da bir fabrika işçisinin, o vardiyadaki insanlardan iki kez, orayı düzenli tutmaya çalışmalarını istemiş olmasına rağmen, çalışma yerini, bir önceki vardiya tarafından darmadağın edilmiş bulduğunu ve artık bu duruma katlanmak istemediğini düşünün. Hem genç bayan, hem de fabrika işçisi, karşı çıkmaya karar verebilir.

Bu stratejinin amacı, kişiyi, hayal kırıklığınızdan sorumlu tutmak ve onu, hoş karşılanamaz davranışı azalacak veya kesilecek kadar rahatsız etmektir. Davranışından aldığı herhangi bir zevk ya da tatmin, değişmediği takdirde çekeceği acı ya da sıkıntıyla gölgelenmelidir. Bu, işçilerin yıllardır yönetimle uğraşırken kullandıkları bir stratejidir. Eğer şirket, istenen düzeyde ücret artışını kabul etmezse, sendika greve gider, şirket mali yönden kayba uğrar ve sendikanın amaçlarına ulaşmak için iyi bir şansı bulunur. Aslında yaptıkları, 3. kurala başvurmaktır.

Fakat karşı çıkma bile istenen etkiyi yaratmayabilir. Eğer bir sonuç elde edemeden itiraz etmişseniz ve hala, duruma gücenmeden hoşgörü gösteremeyeceğinize karar verdiyseniz, kendinizi mutsuz ilişkinizden uzağa çekmeyi ya da bunu bir defada bitirmeyi -yani ayrılığı- düşünmek anlamlı olabilir.

Eğer boşanmayı düşünüyorsanız, bunu ilk değil son çare olarak öğütlerim. Üç ya da altı aylık bir ayrılık çoğu kez, huysuz bir eşin tüm yaptıklarınızın kıymetini bilmesini ve hepsini birer hak kabul etmemesini sağlamakta başarılı olur. Geçenlerde, erkek müşterilerimden biri, iki hafta önce ayrıldığı karısını aradı ve eşinin kendisi için yaptığı her şeyi, artık kendi yapmak zorunda kaldığı şeyleri, bir hak olarak gördüğü için özür diledi. Kocasının kendisini ne kadar özlediğini duymak kadını sevindirmişti; fakat bunu yazarken henüz kocasına dönmemişti. Birini terk ettiğinizde, bazı değişimlerin olduğuna ilişkin kanıt görene dek geri dönmeyin. Şunun gibi vaatleri dinlemeyin, "Geri dön, sana ne kadar değişebileceğimi göstereceğim". Karşıt çıkarımı sunun, " Geri dönerim ama ilk önce bazı değişimler gösterirsen". Sonra, eğer kültürünüz boşanmaya izin veriyorsa, işler değişmezse buna başvurabilirsiniz. Bu seçenek uygun değilse, eşiniz kendine çekidüzen verene dek ayrı kalabilirsiniz.

Bir hüsran kaynağına karşı koyarken üç mantıklı seçeneğiniz var: Kabullenin, değiştirmeye çalışın ya da çekip gidin. Her metot, problemin getirdiği sıkıntıyı giderme potansiyeline sahiptir. Eğer probleme gücenmeden hoşgörü gösterirseniz, bu rahatlama, anında gerçekleşir. Karşı çıkmaya karar verirseniz, güçlükle elde edilebilir. Eğer çekip giderseniz, hiç değilse kendinize, yaşamınızı başka bir yerde veya başkalarıyla sürdürme ve huzur bulma şansı vermiş olursunuz.

4.Seçenek, gücenerek hoşgörü gösterme, yalnızca acınızı artıracağı için, benim öğütlemediğim seçenektir. Ne yazık ki, dikkate aldığımız tüm seçeneklerin en yaygınıdır. Bu, sorunun 'nörotik çözümü' diye adlandırdığım şeydir: İtiraz etmezsiniz, sorundan uzaklaşmazsınız, olabilecek en kötü şeyi yaparsınız - kabullenir ve bunu yaparken de gücenirsiniz. Bu yalnızca sizi bunalıma sokar, öfkelendirir, hatta sağlığınızı bile etkileyebilir. Diğer üç seçenekten birine başvurmak çok daha iyidir. Biliyorum, bunu söylemek benim için kolay, sizin içinse çok daha zor, ama diğer insanların size yaptığı kötü şeyler yüzünden altüst olmamayı öğrenebilirseniz, 4. seçeneği eleyebilirsiniz. Duygularınızı denetlemek için 4. Bölümü inceleyin, çok çalışın; gücenmeden, bir daha asla hiç bir şeye katlanmak zorunda kalmama yolunda ilerlersiniz.

Hazır, duygular konusundayken, 3.Kuralın tanımından, eğer bu hareket yönü etkili biçimde kullanılacaksa, dört duygudan kaçınılması gerektiğini anımsayın.: Öfke, suçluluk, acıma ve dışlanma veya incinme korkusu. Bunları yenmedikçe, yaşamınızın denetimini kazanmanız bir mucize olur. Bu duygular, bütün başka biçimde etkili eylemlerin %99'unu bozguna uğratma yeteneğine sahiptir.

Haklarınızı öfkeyle savunmaya kalktığınızda, saldırgan olursunuz. Bunu öfkeyle yapmazsanız, kendinize güvenen biri olursunuz. Bunda hoşa gidecek çok daha fazla şey vardır. Eğer sizi incitmiş birine karşı koyarsanız, dirençle karşılaşmayı bekleyebilirsiniz. Değişmesi için baskı yapmanın, onu daha da kötü yapacağı düşünülebilir. Öyleyse, durumu kendi öfkenizle alevlendirirseniz, elinize ne geçeceğini hayal edebilirsiniz. Yine de sert ve sakin olduğunuzda, çok daha fazla başarı şansınız bulunur. Diğer kişiye, sizinle kavga etmesi için başka sebep vermeyin. Ne kadar nazik olursanız, işbirliğine yanaşmasanız bile, o da size karşı o kadar nazik olur. Onu sakinleştirebilirseniz, sorunu bir kerede ve tamamen halletme olasılığınız o kadar büyük olur.

Bu, size, 1. kuralı asla unutmamanızı hatırlatmak için uygun bir andır. Bu yalnızca öfkenizi engellemenize yardım eder. Bir örneği hesaba katalım. Kocası tembel olan bir kadın, sonunda, yemek yapmayı kabul etmeyerek karşı çıkar. Sakin bir şekilde, kocasına, onun canının sık sık çimleri biçmeyi ya da köpeği gezdirmeyi istememesini anlayabildiğini söyler. Bunun için, kocası da, kendi canı yemek yapmak istemediğinde anlayış göstermelidir. Kocasını dışarıda akşam yemeğine çağırır. Arabaya giderken, adam karısına arabanın kapısını açar. Karısı teşekkür eder.

Kadının bir defada iki kuralı kullandığını görebiliyor musunuz? Kocasının tembelliğine, kendi tembelliğiyle karşılık veriyor(3.Kural). Aynı zamanda, bir nezaket hareketine, kendi nezaket hareketiyle karşılık veriyor(1. Kural). Bu, yalnızca onun, istediği davranış değişimini elde etmesine yardımcı olabilir. "Zahmet etme. Aptal kapıyı kendim açabilirim." dese, ne elde edebilirdi? Bu kendine güvenli olmaktan çok, saldırgan olmaktır (öfke, hatırlıyor musunuz?). Balla, sirkeyle olduğundan daha çok sinek yakalarsınız. Öyleyse devam edin ve sizi engelleyenlerin yoluna dikilin, ama bunu nazikçe, istediğiniz gibi davranmayı öğrenirlerken yaptıkları iyi şeyleri ödüllendirerek yapın.

Sizi engelleyen birine karşı koyma çabasıyla yaptığınız bir şey yüzünden kendinizi suçlu hissederseniz, iskambil kağıtlarından yapılmış bir ev gibi çökersiniz. Suçluluk, kendinden nefret etmektir ve fazla özeleştirinin sonucudur. Sevdiğiniz kimselere karşı katı olmak hiç kolay değildir, kendi hakkınızda kötü şeyler hissediyorsanız, basitçe imkansızdır. Yanlış davranmış olsanız bile, asla kendinizden nefret etmemeyi öğrenin. Yakışıksız davranışlarınızdan kesinlikle nefret edin. Ama kendinizden nefret etmeyin, çünkü ancak o zaman düzeltilmeye değer bulduğunuz bir yanlışa kuvvetle karşı koyabilirsiniz. Başkalarını, onları kendi iyilikleri için cezalandırdığınızda çektikleri sıkıntıyı hissedecek kadar çok düşünüyorsanız, az rastlanan bir sevgi biçiminiz var demektir. Ama ille kendinizden nefret etmeniz gerekiyorsa, bunu yalnızca, kötü davranışı hoş gördüğünüz zaman yapın.

İnsanları, hareketlerinden dolayı rahatsız hissettirdiği niz anda merhamete teslim olursanız, nasıl kendinizi savunabilir ya da başkalarını olgun biçimde davranmaya alıştırabilirsiniz? Birinin davranışında değişiklik meydana getirmek için, bu davranışın sonuçlarını, o insana verdiği zevklerden daha acı hale getirmelisiniz ki böyle bencilce davranmadan önce iki kez düşünsün. Acıdığınız için vazgeçerseniz, yapmaya kalkıştığınız şeyi asla başaramazsınız.

Dışlanma korkusu ve hata yapma korkusu, insanların sahip olduğu en yaygın iki korkudur, dışlanma korkusu belki de hepsinin en yaygınıdır. İşte bu yüzden insanlar başkaları kızdığında, paniğe kapılır ve onların kötü davranışlarına karşı koymaktan kaçınırlar. Fakat dışlanma, biz o hale getirmedikçe acı verici değildir. Yalnızca rahatsız edicidir. Elbette, aklı başında hiç kimse, hakkında kötü düşünülmesini istemez. Ama beğenilmemek veya dışlanmak pek de dünyanın sonu sayılmaz. Bu hepimizin başına gelmiştir ve hepimiz ayakta kalmayı başarmışızdır. İşin sırrı, bunu nasıl ele almayı seçtiğinizdedir, kendinizi üzmeyi seçip seçmediğinizdedir.

Öfkeyi, suçluluğu, merhameti ve dışlanma veya zarar görme korkusunu denetlemeyi başardığınızda, bir kez belli bir hareket yönünde karar kıldınız mı, fikrinizi değiştirebilecek neredeyse hiç bir şey kalmaz. Sözlerinizi hareketlerinizle desteklemek zordur elbette. Fakat bu,kendi sonunu getiren duyguları kontrol altında tutabildiğinizde çok daha kolaylaşır. Size bunun nasıl yapılabileceğini gösterecek duygusal rahatsızlıklar üstüne olan 4. bölüme geri dönün. Kolay değildir, çok çalışma ve bir sürü pratik gerektirir, ama yapabilirsiniz.

Uygulamaya Koymak

İşte size, tekniğin nasıl işlediği konusunda daha iyi bir fikir vermek amacıyla, maksimum etki için 3. kuralın ne zaman ve nasıl kullanılması gerektiğine dair bazı örnekler. Yardımcı olduğum insanların çoğu şüpheyle yola çıkmıştı ve siz de kendinize aynı soruları soruyor olabilirsiniz, ama onlar denedikleri zaman, gücünüz ve gücünüzü başkalarını rahatsız etmek için kullanma isteğiniz bulunduğunda saygı gördüğünüzün doğru olduğunu keşfettiler.

* * *

Tom'un karısının, insanı sinirlendiren bir geç kalma alışkanlığı vardı. Kocası sık sık ona, dakik olmayı ne kadar sevdiğini, sosyal bir olaya giderken kendini baskı altında hissettiğini ve bazen kaybettiği zamanı telafi etmek için arabayı ihtiyatsızca sürdüğünü söylerdi. Karısının bu davranışını iki kezden fazla hoş görmüş olduğundan (daha doğrusu düzinelerce kez), ona açık seçeneklere bakmanın zamanının geldiğini ima ettim, bunu karısının kusurlarından biri olarak kabullenmeye (1. seçenek), karşı çıkarak onu değiştirmeye (2. seçenek), onu terk etmeye (3. seçenek), ya da duygusal yönden altüst olmaya (4. seçenek - Gücenerek hoş görme) karar verebilirdi. Karşı çıkmaya karar verdi.

"O zaman sana bunu nasıl yapacağını söyleyeyim, Tom" dedim. "Onun davranışına benzer bir şey ya da aynısını yap ve bunu öfke, suçluluk, acıma ya da dışlanma korkusu duymadan yap."

Ne önerebileceğimi sordu. "Gelecek sefer bir yere zamanında gelmesi gerektiğinde, onu beklet."

Tom güldü ve çoğu müşterinin yaptığı alışılmış itirazları ortaya attı: Oyun oynamak istemiyordu, intikam istemiyordu, iki yanlış bir doğru etmezdi ve kendisini onun seviyesine düşürmek istemiyordu. Bu itirazlara daha yakından bakalım ve size bunların geçerli olmadığını göstereyim.

İlk önce, oyun oynamak. Bu stratejide saçma olan bir şey yoktur. İki kişi arasındaki iyi niyeti yavaş yavaş kemiren bir davranış konusunda etkili bir şey yapılabilmesi için çok tavsiye edılır.

İkincisi, intikam. 3. Kural, bir intikam hareketinden çok, bir düzeltme hareketi içerir. Tom, karısına görgü kuralları hakkında basit bir ders vermek istiyor. Ve kendisine saygılı ve düşünceli şekilde davranılmasını istiyor .O eşiyle, iyi bir neden olmadan bekletilmek için evlenmedi. O sevgi dolu bir koca ve eşinin gelişmesine yardımcı oluyor. Eşini incitmek istemiyor, istediği yalnızca karısını, onun ihtiyaçlarına makul derecede saygı gösterene dek yeterince rahatsız hissettirmek.

Bir randevu verip karısını bir saat bekletseydi ve bunu öfkeyle yapsaydı, bu intikam olurdu. Bu işbirliği ve saygıya değil, sadece korku ve nefrete sebep olurdu. İster anne babalar ve çocuklar arasında olsun, ister güçlü uluslar arasında, savaşlar böyle başlar.

Kötü bir davranışı nasıl çoğu kez kendi çirkin davranışınızla engellediğinizi size biraz daha göstereyim. Çocuğunuz duvarınızı karaladığında bunu hoş görür müsünüz? Öyle yaparsanız, bunu teşvik etmiş olursunuz. Onun yerine, derhal ve otomatik olarak 3. kurala başvurur, çocuğa duvarı temizletirsiniz, ya da çocuğu odasına gönderirsiniz. İntikamcı mı yoksa öğretici mi olursunuz? Çocuğunuzdan nefret mi ediyorsunuz, yoksa onu hala seviyor ve sorumlu biçimde davranmasına yardım etmek mi istiyorsunuz? Bu katı sevgidir, intikam değil. Ve bu kendine karşı ilgili olmaktır, kayıtsız değil. Anne babalar, gurur duyabilecekleri çocuklar yetiştirdiklerinde, kendilerine ve çocuklarına önemli bir yararları dokunmuş olur.

Üçüncüsü, iki yanlış bir doğru etmez. Elbette etmez. Ama yanlış nerede? Düşüncesiz bir davranışa karşı hoşgörüsüz davranmıyor muyuz? İnsanlara, olgun biçimde davranmaları için yardım etmekle ilgilenmiyor muyuz? Yanlış olan hareket değil, hareketin amacıdır. Uzun vadede yardımcı olmak istiyoruz ve bunu başarmak uğruna kısa vadeli dışlanmayı göze alırız. Kuşkusuz Tom, onun gecikme huyunu değiştirmeye çalışırken, karısının büyük öfkesiyle karşılaşacaktır. Bu, onu değiştirmek için ödemesi gereken bedeldir. Öyle olsun. Eğer başarırsa, ikisi de kazanır (eğer karısı onunla olmayı istiyorsa).

Son olarak, kendinizi alçaltmak. Tabii ki sizi hüsrana uğratan kişinin gelişmemiş ve haksız taktiklerine tenezzül etmek istemezsiniz. Ama seçeneğiniz var mı? Mantıklı olmayı zaten denediniz, değil mi? 2. Kuralı tükettiniz. Durum böyleyken, size sözcüklerle iletişim kurmayı bırakıp hareketlerle iletişim kurmaktan başka seçenek kalmaz. Bu hareketler, sizi hüsrana uğratan kişininkilere benzediğinde, o kişi, onun anladığı dilden konuştuğunuz için, muhakkak sizi anlayacaktır.

* * *

Otuz yaşlarında genç bir kadın, "Dr. Hauck, annemle aynı fikirde olmama hakkım var mıdır?" diye sordu. "Kendim için düşündüğümde, suçluluk duymama neden oluyor. Ona saygı ve hürmet göstermemi hatırlatıyor, her zaman eğer kendi hesabıma kendim düşünürsem ona sevgi göstermemiş olacağımı söylüyor. Hakkım var mı?"

"Kahve ister misiniz?" diye yanıtladım.

Biraz duraksayarak, "Hayır' diye cevap verdi.

"Nereden biliyorsunuz?"

"Neyi nereden biliyorum?"

"Kahve istemediğinizi."

"İstemiyorum işte. Ne söylememi istiyorsunuz?"

"Bakın, kahve istemiyorsunuz, çünkü vücudunuz size öyle söylüyor. Ne zaman yorgun olduğunuzu ve yatmak istediğinizi nasıl bilirsiniz? Ya da ne zaman kalkacağınızı? Ya da düşüncelerinizi ne zaman dile getirmek istediğinizi? Ya da ne zaman kendinizi engellenmiş hissedip ne zaman hissetmediğinizi? Eğer engelleme önemsizse, belki de ona aldırmazsınız. Eğer güçlüyse, bu konuda bir şey yaparsınız. Ve bir şey yapmanız gerektiğini tüm bedeninizde duyarsınız. Bana, aynı fikirde olmadığınız biri karşısında fikirlerinizi savunup savunamayacağınızı soruyorsunuz. Bu büyük bir engellenme değil mi?"

"Evet, öyle".

"Bunu, gücenmeksizin hoş görebilir misiniz?"

"Hayır."

"O zaman ya annenize, kendinizi ifade ettiğinizde sizi susturmamayı öğretin ya da onunla ilişiğinizi azaltın."

(2. ve 3. seçeneği tanıdınız mı?)

Müşterime, gerginlik içinde, yaşamımızdan dolayı hoşnutsuz ve rahatsız olduğumuzu açıklamaya devam ettim, ya engellenmelerimizi değiştirmek için bir şey yapmamız, ya da çenemizi kapamamız zorunludur. Ona, annesine karşı çıkmasını söyleyemem, çünkü sorunun onu ne kadar üzdüğünü bilmiyorum, ama kendisi biliyor.

Eğer soruna katlanmak ya da ondan uzaklaşmak istemiyorsa, kötülüğe karşı çıkma ve son verme seçeneğine, daha doğrusu, ahlaki yükümlülüğüne sahiptir.

Duygularınızı serbest bırakmaya nasıl karar verirsiniz? Bir sürü düşünüp taşınmaya bağlı değil midir? Hem evet hem hayır. Annenizle kavga ederseniz, veya patronunuzu azarlarsanız, ya da eşinizin satın aldığı bir iskemleyi, ilk önce size danışmadığı için geri gönderirseniz sonuçlarının neler olacağını düşünüp taşındığınızda, tüm meseleyi görmezlikten gelseydiniz epey rahat olup olmayacağınıza karar verebilirsiniz. Eğer öyleyse, o zaman görmezlikten gelin. Eğer öyle değilse, karşı çıkın, çünkü karşı çıkmazsanız makul derecede hoşnut (MDH) olmazsınız. Ve bu ciddi bir şeydir.

Kendinizi, halinizden makul ölçüde ya da azıcık bile memnun olmadığınız için tatminsiz hissettiğiniz nokta, hoşnutluk düzeyinizi yükseltmenizin iyi olacağı andır. Normal olarak, birinin sizi engellemesinin nedeni önemsizdir, eğer çok mutsuzsanız, kendinizi tedirgin etmekten vazgeçin ya da eşinize, çocuğunuza ya da anne babanıza, makul ölçüde hoşnut hissedene dek karşı çıkın. Lütfen dikkat edin, kendinizi suçlu hissedecek bir şey yoktur, çünkü eğer istediğinizi elde etseydiniz ancak bir parça hoşnut olurdunuz. O an için bu yeterli olabilir. En azından, ideal olarak işlerin daha istediğiniz gibi gitmesini isteseniz bile, evliliğinizin oldukça iyi gittiğini söyleyebilirsiniz. Makul derecede hoşnut olduğunuz sürece, umarım diğer çıkarlarınızı, onların da daha az tatmin edilmesine yol açacak şekilde, hatırınızdan çıkarmadan, temel çıkarlarınızı gözetirsiniz. Eğer bu başınıza gelirse, siz ikiniz bir arada olamıyorsunuz ve ayrılık gerekli demektir.

Karşı çıkmaya hakkınız var mıdır? bunun yanıtı oldukça açıktır. Eğer hakkınız yoksa, sizi ve ilişkiniz olan herkese zarar verecek üç sonuç ortaya çıkacaktır. İlki, en azından mutsuz, büyük olasılıkla da altüst olursunuz. Makul hoşnutluk düzeyinin altında yaşamak, her gün sağlığınızı korumak için gerekenden daha da az yiyerek yaşamak gibidir. Harfi harfine, saatler ya da günler, haftalar değil aylar, yıllar boyunca; on, yirmi, otuz yıldır makul hoşnutluk düzeyinin altında yaşayan binlerce insana danışmanlık yaptım! Böyle bir kendini ihmal düşünebiliyor musunuz? Dahası, bu insanların ailelerine ya da işverenlerine ne kadar az mutluluk verdiklerini düşünebiliyor musunuz? Çoğu zaman, bunalımda ve bıkkın olmasalar bile, baş ağrıları ve uykusuzluktan rahatsız, ağlamaklı, pasiftirler. Aileleri, güvensizliklerini sezer ve bir kez diz çöktüler mi onları yere yıkmaya hazır bekleyerek, müşterilerimden utanç verici biçimde yararlanırlar.

Bu mutsuz erkek ve kadınlar, çocukları ve birbirleri için kötü örnekler oluştururlar. Tekrar tekrar hoşgörülü olarak, düşüncesiz insanların ne kadar çok sevildiklerini hissedip sonunda değişecekleri ümidiyle, çevrelerindekilerin kaba, bencil, düşüncesiz ve belki de fiziksel kötülüğe yatkın olmalarına göz yumarlar. Ne kadar üzücü ve ne kadar safça.

İkincisi, en sonunda aşkınız biter. Bu, kronik olarak makul hoşnutluk düzeyinin altında yaşamanın bir sonraki sonucudur. İlişkinizin başarılı olması konusunda ne kadar kararlı olduğunuzun hiç önemi yoktur. Eğer en derin arzularınız ve ihtiyaçlarınız makul derecede karşılanmıyorsa aşkınızın sona ereceği, tıpkı yemek yemediğinizde kilo vermeniz kadar kesindir. Bir aziz ya da cefakar değilseniz, aşk basitçe, sevgilinizin sizin için yaptıklarıyla beslenir - tatmin yoksa aşk da yoktur. Bunların dışında herkesin aşkı tükenir.

Üçüncüsü, bırakıp gidersiniz. İşten ayrılır, yeni bir semte taşınır, başka bir arkadaş bulur, yetişmiş çocuklarınızı evden uzaklaştırır ya da eşinizi terk edersiniz. Ayrılığa veya boşanmaya inanmayabilirsiniz, fakat aylar, yıllar boyu mutsuz olduktan sonra bu çözümlere dört elle sarılabilirsiniz.

Eğer altüst olmak istemiyorsanız, sevdiklerinize düşman olun veya onları terk edin, bedeniniz makul derecede hoşnut olmadığınızı söylediği sürece, başkalarının çıkarlarını sizinkilerin üstünde tutmayın. Hoşnutluğunuzu yeniden kazanana dek, dürüstlük ve tarafsızlıkla iyilik hissinizi artırmak için birşeyler yapın; ta ki mutsuz ya da tedirgin olmayıncaya, aşkınız tükenmeyene ve ilişkiyi kesmeyi istemeyinceye kadar.

* * *

Şimdi, komşunuzun gürültülü partilerini protesto ettiğinizi ve polis çağırdığınızı varsayalım. Bunu öfkeyle, suçlulukla, acımayla ya da dışlanma veya zarar görme korkusuyla yaptınız. Polis partiyi dağıtır ve herkes evine gider. Güzel, değil mi? Yanlış. Komşunuza kötü bir şey yaptınız, o kırgın ve size eğlencesini bozmamayı öğretmek istiyor. Bir daha asla ona polis yollamamanız için sizi terbiye etmek istemesini bekleyin. O da sizin kadar kolayca 3. kuralı kullanabilir. Bunu öfkelenmeden nasıl kullanacağını bilmeyebilir ve işte bu yüzden onunla uğraşmak korkutucu olabilir. Onun için, sizi fiziksel olarak tehdit etmesini, sizi görmezlikten gelmesini, mahalleyi aleyhinize çevirmesini filan bekleyin.

Öyleyse, karşılığında siz ne yapacaksınız? Yine 3. kurala uyun. Eğer sizi incitirse, nazikçe tekrar canını sıkın. Bir gürültülü parti daha yaparsa, onu mahkemeye verin. Eğer sizi fiziksel olarak tehdit ederse dava açın. Kısacası, insanlar, onları, terbiyeli davranmaya alıştırmaya çalıştığınız için, size edepsizlik ettiğinde, onlar düşüncesizliği bırakana dek gittikçe daha sert olun.

Eğer çok çirkin davranmaya başlarlarsa ve onları değiştiremezseniz, onları eğitilemez sayın ve 1. seçeneği (Gücenmeden hoşgörü göstermek) veya 3.seçeneği (Ayrılık) kabul edin. Ama eğer içinizden biri makul ölçüde tatmin oluncaya dek karşı çıkmak isterseniz, genellikle güç mücadelesini kim kazanır? Yanıt sizi şaşırtacaktır. Her savaşta kazanan, ilişkiyc en az önem verendir. Örneğin, çocuğunuz ve siz, her biriniz diğerini eğitmeye çalışırken, birçok kez birbirine saldırabilirsiniz. Bir ceza işe yaramayınca, gelecek seferki daha acımasız olacaktır. Her biriniz ne kadar kötüleşirseniz kötüleşin, kavganın, birinizin vazgeçeceği ya da bırakıp gideceği kadar dayanılmaz olacağı bir noktaya gelinecektir. Ve kazanacak olan ilişkiye az önem verendir.

Arabasını yitirmeye aldırmayan yeniyetme, anne babası arabayı satana dek onlara kafa tutacaktır. İşinden nefret eden ve başka bir iş bulabilecek bir işçi, patronuna pis işini kendisinin yapmasını söyleyecek ve kovulmaktan korkmayacaktır Evliliğe en az önem veren eş, aileyi yeni bir şehre taşımak konusunda kendi bildiğini okuyacaktır. Eğer ayrılık ya da boşanma tehlikesinin, eşlerden biri üzerinde etkisi yoksa, güç mücadelesinde en uzun ayakta kalan o olacaktır.

Bu açıkça haksızlıktır, aynı fikirdeyim. Ama işler böyle yürür.

* * *

Gözü yaşlı bir anne bana şöyle sordu; "Sizden para çalan bir oğula ne yaparsınız?" On beş yaşındaki delikanlı annesinin cüzdanından para çalıp önemli biri gibi görünmek için arkadaşlarına hava atmıştı.

İlk önce anneye öfkelenmemesini, sert olmasını öğütledim. Oğluyla, onun sorunlarıyla uğraşabilmesi için, öfkenin ve bunalımın dinamiğine geçtim. Sonra ısrarcılık konusuna geldik.

Oğlanın kendine ait kıymetli şeyleri vardı (bir radyo, bir pikap ve spor malzemeleri). Eşyaların değeri çaldığı miktara eşit oluncaya dek (sanırım 50 $ filandı) oğlanın nesi varsa elinden almasını önerdim. Eşyaları satıp, çalınan miktarı aldıktan sonra artanını oğlana verebilir ya da bir hayır kurumuna bağışlayabilirdi.

Genç çocuk öfkeden köpürdü, tabii, ama annesi bunu hiçbir açıklamada bulunmadan yapmıştı. O okuldayken annesi istediklerini aldı ve onunla o gece görüştü. Ona yavaşça neden eşyalarını aldığını anlattı, bunu tatlı bir biçimde yaptı. Bu, çocuğun annesinin davranışını etkilemesini daha da zorlaştırdı ve çocuğu annesinin samimi olduğuna inandırdı. Bir şeyi, yüksek sesle bağırmak yerine, sakince ifade ettiğinde, birine daha çok inandığınızı hiç fark etmiş miydiniz?

Anne, bunu çocuğa ilk yaptığında başarılı olamadı. Ama oğlan ondan para çaldığı zaman iki kez daha aynı şeyi yaptığında, sonunda çocuk mesajı aldı ve annesinin eşyalarına elini sürmedi.

İşbirliğine yanaşmayan çocuklarla uğraşmanın başka bir iyi yolu da, genç bir adama terapi uygularken aklıma geldi. Babası, benimle randevularına yetişmek için 50 mil araba kullanmıştı. Baba işinden izin almıştı ve benden, oğluna daha iyi çalışma alışkanlıkları öğretmemi istiyordu. Tahmin edersiniz, otuz dakika boyunca gerçekleri anlamak için babayla konuştuktan sonra, iznini isteyip oğlanı içeri çağırdım. Kesinlikle işbirliğine yanaşmıyordu. Aslında kabaydı, benimle konuşmak istemiyordu, konuşmayacaktı ve hiç aldırmıyordu.

Savunmaya geçmesini önlemek için, iyi tarafını yakalamayı denedim, böylece daha iyi notlar almasına yardım edebilirdim. Hiç şans yoktu. Bana düşüp ölmemi ve başka bir şeyler daha söyledi.

İznini isteyip babasını geri çağırdım ve ona oğlunun kendine ait parası olup olmadığını sordum. Olduğu anlaşıldı.

Eğer 3. kuralın neden bahsettiğini biliyorsanız, babaya ne yapmasını tavsiye ettiğimi tahmin edin. Doğru tahmin ettiniz. Babaya, boşa harcadığı yarım saati oğlana ödettirmesini söyledim.

Genç adam eve gittiğinde patladı. Babası sertliğini korudu, bir hafta içinde onu alıp getirdi ve inanabilir misiniz - oğlan yine öyle davrandı! Bunun için, para yine ondan alındı.

Bu, üç vizite boyunca böyle sürdü ve sonra çocuk yatıştı, terapi seanslarından yararlandı ve bana, ona daha iyi çalışma alışkanlıkları öğretmem için bir şans verdi. Oğlunu, nefret ve dışlamaya katlanacak kadar çok seven bir baba sayesinde, her şey çok iyi gitti.

* * *

Genç bir çift, üniversite öğrencisi olan kız, hamile kalınca, birdenbire yaşamlarını altüst ettiler. Erkek işsizken evlilik mümkün değildi, ama bakımı için para vermeden, oğlunu görmek için tüm haklarını istiyordu.

Kız, evlenebilmeleri için bir iş bulmasının zorunluluğu konusunda defalarca onunla konuştu. İş bulacağına dair verdiği sözler sonuçsuz kaldı ve evliliğin hiçbir güvencesi olmadan, bebeğinin tüm bakımını üstlenmek kızı kırıcı yaptı.

Kıza, erkeğin, durumundan rahatsızlık duymasını sağlamasını tavsiye ettim, yoksa değişmeyi istemeyecekti. Kanımca, kız, erkeğin, sevemeyeceği türde biri olmasını kolaylaştırıyordu, peki yalnızca onu sorumluluk üstlenmesi için zorlamakla, ona karşı istediği sevgiyi saygıyı besleyebilir miydi? Bunu yapmak için, onun tembelliğine, değişinceye ve çocuğunun babası olarak ahlaki görevlerini üstleninceye dek karşı çıkması gerekliydi.

Ona karşı nazik olmak işe yaramamıştı. Mantıklı düşünme onu yerinden kımıldatamamıştı. Hiçbir şey karşılığında bir şeyler istiyordu. Kabul edilemez davranışı ödüllendirmeyerek, işleri erteleyişine hoşgörü göstermeyi bırakmanın zamanıydı. Kıza, onunla görüşmemesini veya bunu hak edene kadar bebeğin yanına yaklaşmasına izin vermemesini öğütledim.

Kız onun telefonlarını reddetti ve bir geliri olana dek tüm evlilik tartışmalarını geri çevirdi. Bu kız için kolay değildi. Onu üzdüğü için suçluluk hissederek ve duyduğu acı yüzünden ona acıyarak, zamanla zayıflık gösterdi ve erkeğin yeniden hayatına girmesine izin verdi. Bu, yine sertlikle sonuçlanan, kullanılmışlık duygularına yol açtı.

Erkek onu bencillikle, nefret dolu olmakla ve kendisiyle evlenmediği, onlarla ilgilenmesine izin vermediği takdirde, oğullarına zihinsel açıdan büyük zarar vermekle suçladı. Kız bunların onu ilgilendirmediğini, yükümlülüklerini ciddiye alıncaya ve bunu ispatlayıncaya kadar da hiç bir şeye karışamayacağını söyleyerek itiraz etti.

Sonunda erkek mesajı aldı ve onu kullanamayacağını anladı. Sırasıyla bir iş buldu, parasını biriktirdi ve uygun bir koca oldu. Kız değişimi gördü ve erkek ona birkaç ay destek olduktan ve bunu sürdüreceğine dair her işareti verdikten sonra evlenme teklifini kabul etti. İnanıyorum ki, kız erkeğin, ne yardan ne de serden vazgeçmek istemeyişine hoşgörü göstermeye devam etseydi böyle olmazdı.

* * *

Zaman zaman, bir müşteri, çılgınca para harcamaya düşkün bir eşle başa çıkmayı öğrenmek için bana gelir. Hatırladığım bir adam, sabrı taşana kadar karısıyla tartıştı. Sonra da bağırıp çağırdı, çek hesaplarını üzerine almak ve kredi kartlarını parçalamak istedi. Bunlar karısının hızını sadece bir iki aylığına kesti. Sonunda elbiseleri ve kutular dolusu ayakkabıyı, kocasının, aylarca onu yakalamayacağını, o zaman da sakinleşmiş olacağını umut ederek, gizlice çatıdaki odaya taşıdı.

Kadının, kocası onu ihmal ettiği için duyduğu öfkeyi açığa vurmak ve adamı, ona daha fazla ilgi göstermeye zorlamak için bu alışkanlığa başvurduğundan şüphelendim. Bu, kadına akla uygun bir açıklama gibi görünüyordu, ama işleri değiştirmiyordu. Onun için, kocaya, karısının düşüncesizce para harcayışına hoşgörü göstermemeyi öğretmeye karar verdim.

Kutular dolusu gereksiz satın alınan şeyi toparlayıp, ya mağazalara geri göndermeyi ya da hayır kurumuna bağışlamayı önerdim. Bunlar adamı korkuttu çünkü karısı kıyameti koparacak, günlerce onunla konuşmayacak ve belki de onu terk edecekti.

Haklı sayılırdı, karısı tam da öyle yapabilirdi. Yine de, değişmeleri için zorlandıklarında, insanlardan direnme beklemenin doğal olduğuna dikkat çektim. Mesele bu değildi. Mesele, karısı karşı saldırıya geçtiği zaman, o ne yapacaktı? Vazgeçebilir ve aşırı biçimde para harcamasına izin verebilirdi ya da değişmesi için ona daha fazla baskı uygulayabilirdi. Veya onu terk edebilirdi. Şikayet etmekten vazgeçmeye, (eğer yapabilirse) onun canını sıkan yönlerini değiştirmesini sağlamaya, ve onu değişmeye zorlayacak kadar rahatsız etmeye karar verdi. Bu maksatla, onun eşyalarıyla dolu kutuları bir kiliseye ve Selamet Ordusu'na* bağışladı. Karısı, bir radyo veya almasını onaylamadığı bir iskemle satın aldığında, bunu mağazaya geri götürdü. Tatil planlarını gerçekleştirmeyi de kabul etmedi, çünkü karısının, bir aile toplantısı için pahalı hediyeler alması paralarını o kadar azaltmıştı ki, borç istemek zorunda kalacaktı. Karısı öfkeden köpürdü, onu boşanmakla tehdit etti, suskunluğuyla onu dışladı ve onun için yemek yapmayı veya onunla birlikte gezmeyi reddetti. Adam haftalar boyu duygusal bir Sibirya'daydı. Baskı çoğu kez onu o kadar bocalattı ki, neredeyse vazgeçecekti.

---

* *Selamet Ordusu: 1865' de William Booth tarafından İngiltere' de kurulmuş askeri düzeni olan bir teşkilat (Ç.N.)*

Sonunda, karısını her budalaca para harcayışında daha da rahatsız etti ve karısı öyle mutsuz oldu, kocasını durdurmak için kendini öyle aciz hissetti ki, onu terk etmektense alışkanlığından vazgeçmeye karar verdi.

Şaşırmamıştım. Bu çiftin başına gelenler, bir ilişkideki bir kimse mutsuz olduğu ve bu haksızlığı değiştirmek istediği zaman görülen olayların normal akışıdır.

* * *

Gözyaşları içindeki bir kadın bana yetişkin oğluyla ilgili derdinden söz etti. Oğlu, yaşlı kadından, hep geri ödemeye söz verip, asla birkaç kuruşluk ödeme bile yapmayı başaramadan, defalarca borç para almıştı. Kadın benden oğluyla konuşmamı ve ona, ne kadar olgunluktan uzak ve bencil olduğunu göstermemi istiyordu. Genç adam benimle telefonda bile konuşmayı reddetti. Bu, sorunu yalnızca anneyle çözmek zorunda olduğum anlamına geliyordu.

Onun sorunu açıkça, bir suçluluk duyma, acıma ve dışlanma korkusu sorunuydu. Bileklerinde bu üç kelepçeyle, onun kendini ortaya koyabilen biri olması imkansızdı. Yıllar boyu oğluna ne kadar hoşgörü göstermiş olduğunu, yavaş yavaş anlıyordu. Her zaman kendini gördüğü gibi, iyi ve sevgi dolu bir anne olmaktan çok, sevgisinin yalnızca ne kadar hoşgörülü olabildiğiyle, fakat nadiren ne kadar sert olduğuyla belirlendiğinin farkına varmaya başlamıştı. Oğlu ondan duygusallıkla; gözyaşları,intihar tehditleri, bunlar işe yaramazsa sert küfürler savurarak, para sızdırmaya çalışıncaya dek, oğlunun çok ileri gittiği ve onu fazla şımartmış olduğu gerçeğini kabul etmemişti.

Bu yüzden, oğluna, onu özenle hayata hazırlayamadığı için duyduğu üzüntüyü ve bundan böyle üniversite eğitimi bulunan yetişkin bir adama bakmayacağını bildiren bir mektup yazdı. Eğer geliriyle geçinemezse, daha küçük mahallelere taşınmak, arabasını satmak veya daha iyi bir iş bulmak zorunda kalacaktı. Seçim onundu. Üstelik, eğer, onun suçluluk duygusuna ya da sevgisine başvurarak, fikrini değiştirmeye çalışmak için, annesine telefon ederse, hiç duraksamadan telefonu kapayacaktı. Ve bu da işe yaramazsa ve büyümeyi yine de reddederse, mal varlığından geriye ne kaldıysa oğlundan esirgeyecekti.

Bunlar, yıllardır oğluna karşı yaptığı ilk ve pek az, gerçekten sevgi dolu hareketlerdendi. 200 mil ötede sonsuz olanaklarla dolu büyük bir şehirde, kendine bakmaya tamamen muktedir yetişkin bir erkeğe karşı zayıflık göstermek yerine, sonunda bağımlı davranışı engelliyordu.

Oğlan intihara kalkışmadı (tabii, her ne kadar o ihtimal hep var olduysa da), vasiyetnameden çıkarılmaktan yeteri kadar korkmuştu ve nihayet saygısızlık tavrını saygıya dönüştürdü. Kadın, ona karşı suçluluk duygusu ve acımayla, ama sert ve hep nazik biçimde mücadele etti. Zamanla, güce sahip olduğunuzda ve bununla insanları rahatsız etmeye korkmadığınızda, saygı gördüğünüzü öğrendi.

* * *

Bir sonraki örneğim, umarım, geçmişteki bazı psikolojik problemler nedeniyle iddiacı olamamanın tehlikelerini açıklayacaktır.

O bana danıştı, karısıysa benimle görüşmeyi reddetti. Kadının aşkı tükenmiş ve adamı terk etmişti. Bir süre sonra geri döndü, özür diledi ve ondan evliliği sürdürmesini istedi. Bu iki kez oldu. Her seferinde kocası onu affetti, faturalarını ödedi ve en iyiyi ümit etti. Kadın çocukken dışlanmıştı, insanlara güvenmiyordu ve kendisine, biriyle uzun süre boyunca samimi olma fırsatı tanımıyordu.

Sorunlarıyla ilgili analizim açıkça gösterdi ki, erkek kadını, kendisini terk ettiği için üzmek yerine ödüllendiriyordu. Eğer karısını, kaçma ihtiyacını anlaması için terapiye getirebilseydi, konuyu halledebileceklerdi. İyi düşünce, bir yere kadar. Sorun, kadının problemiyle uğraşmaya niyeti olmamasıydı. Erkeğin bir döner kapı evliliğine katlanması, açıkça, işleri kötüleştiriyordu. Gelecek sefer, karısı terapiye gelene ya da altı ay tek başına yaşayana dek, geri dönmesine izin vermemesini önerdim, hala kadının kocasını, onunla kalacak kadar sevdiğini hissediyordum. Eğer öyleyse, bunu sadece bir kez daha yaşayacaktı, daha fazla değil.

Kadın kabul etti. Birkaç ay sonra evi yine terk etti. Adam, karısının 'çocukken ki dışlanmaları yüzünden' buna katlanmaya önceden hazırlanmıştı. Ona öğrenmenin şu iki prensibini hatırlattım: Göz yumduğumuz davranışa maruz kalırız ve eğer başkalarının değişmesini istiyorsak önce biz değişmeliyiz. Eğer kocası onun problemi hakkında bir şey yapmasaydı, belki de kadın hiç değişmezdi. Adam, çıkarlarını neredeyse tümüyle ihmal ederek, her ikisine de zarar veriyordu. Zamanla eğer karısını değişmeye teşvik etmezse, uzun süre makul hoşnutluk düzeyinin altında yaşamanın üç sonuca katlanacaktı. Aslında, zaten onun mutsuz ve rahatsız olduğundan kuvvetle şüpheleniyordum. Birincisi, uykusu altüst olmuştu ve arkadaşları onun daha sinirli olduğunu gözlemlemişlerdi. İkincisi, bunu itiraf etmeyi zor bulsa da, daha az aşıktı. Ve üçüncüsü, avukatını çağırıp boşanma işlemlerini başlatmaya ilişkin geçici düşünceleri vardı.

Bir gün bana ne yapması gerektiğini sorunca, seçeneklerinin ne olduğunu ona yine anlattım. Karısının davranışını kabullenip bu konuda şikayet etmeyi bırakabilirdi. Ciddi sorunlar bulunmadığında, oldukça iyi geçiniyorlardı. Belki de çocukluğundan kaynaklanan sorunlar, olgunlaştıkça hafifleyecekti. Buna zaten birkaç yıldır katlanıyordu, böyle devam edemez miydi?

Veya onu değişmesi için zorlayabilirdi; karısına onun kendisine davrandığı gibi kötü davranabilirdi. Belki onu birkaç kez mengeneye sokarsa, kadın kocasına çektirdiklerinin farkına varırdı. Bunu karısına yardım etmek için yaptığı sürece, suçluluk duymak veya ona acımak için hiçbir nedeni olmazdı. Ve eğer dışlanma ve öfke devresini atlatabilirse, karısı yola gelebilirdi.

Ya da ondan ayrılabilir veya boşanabilirdi.

Ya da ağzını açmadan, ama buna derin biçimde içerleyerek, aklını kaçırabilirdi. Eğer baş ağrılarına, ülsere ve genel olarak mutsuz hissetmeye aldırmıyorsa, konuğum olabileceğini söyledim.

Problemle bir kez daha uğraşmak istedi. Bu yüzden, karısına üç dört ay vermesini ve eğer iyileşme gösterdiği konusunda ikna olmazsa, ya gücenmeden hoş göstermesini (1. seçenek), ya da ondan ayrılmasını (3. seçenek) tavsiye ettim.

Altı ay geçmeden, karısının değişmeye hazır olmadığını görebildi. Onu terk etmeyi seçti ve de bunu yaptı.

* * *

Kendini ortaya koyma üzerine seminerlerimden birinde bulunan bir kadın, kızının ondan sürekli, pazar akşamı annesi tam yatmak üzereyken, elbisesini ütülemesini istediğinden yakınıyordu. Kızına bağırıyor ve her hafta ona, böyle bir isteğin ne kadar haksız olduğunu, elbiselerini cumartesi ya da pazar günü daha erken ütületmesini ne çok istediğini söylüyordu. Kadın bir şey söylüyor, fakat başka bir şey yapıyordu - başkalarının söylediklerine değil, yaptıklarına inanmamızın diğer bir örneği. Annesi, kızın pazar gecesi elbisesini ütületmesini ödüllendiriyordu.

Ona pazar gecesi geç saatte asla elbise ütülememesini ve kızın çok yakında, annesi için daha uygun bir zamanda istekte bulunmayı öğreneceğini söyledim. İnanır mısınız, anne derhal, bunu pazar gecesi yapmasının gerekçesini gösterdi; "Kızımı okula buruşuk elbiseyle gönderemezdim."

Elbette gönderebilirdi (bu iyi bir anne olarak ona söz getirecekse bile). Böylece anneye, eğer sorun, öğretmenlerden veya komşulardan gelecek azıcık eleştiriyi savuşturacak kadar önemsizse, şikayet etmemesini anımsattım.

Bu işe yaradı ve birkaç hafta sonra bana, annesi onun okula iki üç hafta ütüsüz elbiseyle gitmenin utancını yaşamasına izin verdikten sonra, kızın iyice terbiye edildiğini anlattı. Dava kapanmıştır!

* * *

Yukarıdaki her örnek ciddi biçimde kendini ihmalden sıkıntı çeken biri veya birileri hakkındaydı. Onlara sıkıntı çektiren biriyle iyi geçinmek istiyorlardı fakat bunu yapmalarına izin verilmiyordu. Ancak öfke, suçluluk, acıma, dışlanma ya da incinme korkusu duymadan kendi haklarını savunduklarında ve hayatlarının denetimini ellerine aldıklarında, yanlış yapana bir adalet dersi verdiklerinde, bu kurbanların epey bir kısmı kendileriyle ilgilenen insanlar haline geldiler.

6

ARKADAŞLIK VE SOSYAL BECERİLER

Bir münzevi olmaktan zevk almadığınız sürece, insanlardan hoşlanmayı öğrenmeniz zorunludur. Arkadaşlıklar, hepimizin hayatına getirdiği taze soluk için, yaşamsaldır. Bir klinik psikologu olarak, eşler, hep yalnızca birbirleriyle arkadaşlık ettikleri, bir yemeği başka çiftlerle paylaşmanın zevkini nadiren tattıkları ve birbirlerine başkalarıyla yalnız kalmak konusunda güvenemedikleri için, birçok evliliğin alışkanlık haline geldiğini gördüm. Eğer arkadaşlar edinecek ve arkadaşlıklarınızı sürdürecekseniz, üstesinden gelmeniz gereken üç psikolojik problem vardır. Utangaçlık, saldırı ve bencillik.

Utangaçlık

Utangaç insanlar, kendilerine gülünmesinden, kendileri hakkında kötü düşünülmesinden, küçük düşürülmekten ve aşağı olduklarının hissettirilmesinden, ve son olarak dışlanmaktan korkarlar. Değersiz olduklarına o denli inanmışlardır ki, herkesin buna kendileri kadar inanacağından emindirler. İnsanlarla karşılaştıklarında, otomatik olarak diğerlerini üstün, tehditkar ve onları dışlamaya hazır, görürler. İnsanlarla tanışmak, sohbet başlatmak, bir partide küçük gruplara dağılıp ve kendilerini tanıtmak için pek çok fırsatları olabilse de, reddedilmek korkusuyla bunu nadiren yaparlar.

Bunu ne kadar çok yaparlarsa, o kadar fazla korkarlar. Böylece, başkalarıyla karşılaştıklarında gözlerini kaçırırlar. Veya yüzleri kızarır. Ya da zayıf ve pısırık biçimde el sıkışacaklardır. Bunlar, diğer kişiye, karşısında utangaç, ürkmüş ve aşağı hisseden biri olduğunu belirten sinyallerdir. Pekala "Ben senin kadar iyi değilim. Benden hoşlanmayacağını biliyorum" mesajını taşıyan bir tişört de giyebilirlerdi.

Utangaçlığın üstesinden gelebilmek için, nasıl olsa, neredeyse konuştuğunuz herkesten tamamen aşağı olduğunuz fikrini sorgulamak zorunludur. Öyle değilsiniz. Şöyle düşünün: Hepimiz bazı konularda diğer insanlardan daha aşağıyızdır. Konuşmak istediğiniz insan daha iyi para kazanan biri, daha iyi bir şarkıcı, daha fazla eğitimli, vb. olabilir. Ancak kuşkusuz, hitap ettiğiniz insanın sahip olmadığı veya daha az sahip olduğu bazı yetenekleriniz vardır. Belki bahçe düzenleyebilir, yemek pişirebilir, iyi fotoğraflar çekebilir, bir motoru sökebilir ya da banço çalabilirsiniz. Çoğumuzun başka birinden daha iyi yapabildiğimiz bir şey vardır. Ama utangaç insan bunu görmez. Bir veya daha fazla bakımdan aşağı olduğu için, bütünüyle aşağı olduğu ve utanç duyması gerektiği sonucuna varır.

Anlamlı karşılaştırmalar yapmayı öğrenin. Belli özelliklerden yoksun olduğunuz için, sık sık dışlanmazsınız. Bazı insanlar şiveniz, derinizin rengi veya görünüşünüz yüzünden ilk karşılaşmada sizden hoşlanmayabilirler. Muhtemelen siz de başkalarını aynı şekilde yargılarsınız. Kendinize, onlardan üstün olduğunuzu hissettiğiniz insanların tamamen değersiz olup olmadıklarını sorun. Bu soruyu görüştüğüm kişilere sorduğumda, bana, başkalarının bazı bakımlardan aşağı olsalar da değersiz olmadıklarına dair yeniden güvence verdiler. Öyleyse, neden benim görüştüğüm kişiler, milyonlarca başka insandan bazı bakımlardan aşağı olduklarında tamamen değersiz olsunlar?

Bu duruma bir çare bulmak için, en çok korktuğunuz şeyi yapmaya başlamanız önemlidir. İnsanlarla konuşun. Kendinizi tanıtın. Nerede olduğunuz hiç fark etmez, bir sohbet başlatın. Sizi en az korkutan insanlarla başlayın. Belki de korkmadığınız, çocuklarla ya da yaşlılarla konuşarak başlamalısınız. Onlarla sohbetleri nasıl başlatacağınızı öğrendiğinizde, yaş ölçeğinizi, en çok korktuğunuz grupla konuşabilene dek aşağı ya da yukarı taşıyın.

Eğer popüler kimselerle konuşmaya korkuyorsanız, popüler olmayanlarla konuşarak başlayın. Kendileri de utangaç olanlarla veya özellikle iyi görünüşlü olmayanlarla ya da az gücü, sosyal saygınlığı bulunanlarla konuşun. Bu şekilde, çok fazla tehdit edilmediğiniz ve korkunuzla hafif biçimde yüzleşmeye başladığınız bir noktadan hareket etmiş olacaksınız. Bir başlangıç yapmak için, daha öteden başlayamazsınız. Bu, dikkat edilecek en önemli kuraldır. Neden korktuğunuz fark etmez, genellikle ona, aşamalı olarak ulaşabilecek kadar uzaktasınızdır.

Oradan ileri doğru adımlarınızı çok küçük atamazsınız. Korktuğunuz şeyden uzaklığınızı ne kadar az eksiltseniz de, daima hiç bir şey yapmamaktan daha iyidir. Herhangi bir ilerleme, ne kadar yavaş da olsa, yine de ilerlemedir. İnsanlar, aslında gösteriyor olsalar bile ilerleme göstermediklerine inanarak çabucak vazgeçer gibi görünmektedirler. Hataları, gerçek gelişmelerini beklentileriyle karşılaştırmalarıdır. Birazcık terapinin onu kabuğundan çıkarıp, balonun en güzel kızıyla evlendireceğini sanan bir adam, altı ay sonra sadece bayan iş arkadaşlarından birine telefon edebilme noktasına gelmekte olduğu sonucuna varınca büyük hayal kırıklığına uğrar. Gidecek ne kadar yolu olduğunu düşününce, muhteşem ilerlemesiyle övünmeyecektir elbette. Ama benim görüşüme göre, gelişiyordur ve bu gelişmesinden memnun olmalıdır. Bir daha ki altı ayda iki üç kadınla randevulaşıyor ve sonraki bir iki yılda da evlenmeyi becerebiliyorsa, nasıl şikayet edebilir ki? "Ne," diye soruyorsunuz," iki yılı sadece bir kadınla ilişki kurmaya harcamak ve sonunda belki evlenmek mi?". Evet. Toplumsal becerilerin de, öğrenmesi uzun zaman alan diğer beceriler kadar karmaşık olduğunu anlasanız iyi olur.

Sosyalleşme Sancısı

Bütün utangaç insanlar, sosyal bir etkinlikte bulunurlarsa yaşayacaklarını bildikleri hatırı sayılır rahatsızlık yüzünden, partilere gitmekten ve başkalarından onlara katılmalarını istemekten kaçınırlar. Bazılarının koltuk altları terler, diğerlerinin dizleri titrer, hatta bazıları kekeledikleri duygusuna kapılır, yüzünü çevirir veya kızarır. Bu belirtilerin her birinin ıstırap işaretleri olduğu kolaylıkla anlaşılabilir ve bu tam da, utangaç insanın herkesçe bilinmesini istemediği şeydir - onun sosyal açıdan taşlaştığı.

Diyelim ki, tanışmadan sonraki ve bunu izleyen sohbet sırasındaki ilk anlar epey sinir bozucu olabilir. Öyle olmak zorunda değildir elbette, ve bir sohbet başladı mı her zaman fazla sürmez. Yine de utangaç insana göre bu, bir yavaş ölüm zamanıdır. Söyleyecek bir şey bulacaklar mı, saçma bir şey söyleyip kendilerini aptal durumuna mı düşürecekler veya sinirlilikleri, başkalarınca bir anda anlaşılacak kadar belli olacak mı diye endişelenirler.

Bütün bu düşünüp taşınmalar yersizdir, tamamen yersiz. Gerekiyorsa kan terleyin. Gerekiyorsa kekeleyin. Ne yaparsanız yapın, karşılaşmadan kaçınmayın.

Eğer kendinize çabucak, bu rahatsızlığın sizi öldürmeyeceğini, bu insanların sizi dışlamayacağını, ki dışlasalar bile bunun dünyanın sonu olmayacağını ve onların bazı çok özel yönler hariç (onlar bu yönlerden partideki bütün diğer insanlardan da ayrılırlar), sizden farklı olmadıklarını söylerseniz, yüzünüzü müziğe, gülümsemeye ve konuşmaya döndürmüş olursunuz.

Bunu ne kadar sık yaparsanız, o kadar kolaylaşacaktır ve daha az korkulu olduğunuz, daha sosyalleşeceğiniz gün kesinlikle gelecektir. O zaman, başlangıçtaki rahatsızlığa katlandığınız ve uzak durmak yerine zorlu görevle yüzleştiğiniz için memnun olacaksınız. Ne var ki, anlık bir rahatlama için görevle yüzleşmezseniz, gittikçe daha zorlaşacaktır.

Kısacası, ne yaptığınızın önemi yok, bir konuşma yapın, bir partiye ev sahipliği yapın ya da buluşmak için birini arayın. Yapmazsanız rahatsız olursunuz. Öyleyse, yapmak veya yapmamak, bir şeyin hesaba katılmasına dayanır: Hangi seçimin en az acıyla sonuçlanacağına verilecek yanıt? Zor bir işle yüzleşmek, uzun vadede çok daha kolaydır. Diyelim ki, bir ay içinde öleceğinize inanmak için bir sebebiniz var, az önce söylediklerimi unutun. Bu dünyada uzun kalmayacağınız için, yiyin, için ve mutlu olun. Ödülü toplayacak yarınınız yoksa, niye kendinizi sıkıntıya sokasınız ki? Ama uzun süre yaşayacak gibiyseniz, problemlerinizle şimdi yüzleşin, yoksa yaşamınızın geri kalanında problem yakanıza yapışır. Bilirim, on beş yaşındaki bir çocuk kadar utangaç olan, ellili veya altmışlı yaşlarında, başka her açıdan parlak ve olgun insanlar gördüm.

Hepimiz, dağlara tırmanan, uçaklardan atlayan, kahramanlık madalyaları alan, fakat anlamsız biçimde utangaç olan insanlar tanımışızdır. Bu, onları öldürebilecek şeylerden, öldüremeyecek şeylere göre daha az korktukları anlamına gelir. Pek akla uygun gelmiyor, değil mi? Utangaç kimseler çakılabilecek uçaklara sık sık binerler. Ama uçmaktan korkmazlar. Düşebilecek asansörlere binerler. Ama onları kullanmaktan korkmazlar.

Ve hepimiz, Birleşik Devletler'de her yıl 50,000 kişiyi öldürebilen ve yaklaşık bir milyon kişiyi sakat bırakan arabalarla dolaşıyoruz. Ancak hiçbirimiz arabamıza bindiğimizde titremiyor, terlemiyor veya allak bullak olmuyoruz. Bunun için can atıyoruz. Lastiğin patlayabileceği ya da karşı yönden bir sarhoşun geliyor olabileceği gerçeğini unutarak, yüksek hızla gezerken, manzaranın keyfini çıkarıp müzik dinliyoruz. Bunların olabileceğini biliyoruz, fakat bu bizi araba kullanmaktan alıkoymuyor. Yine de bütün bu bahsettiğim şeyler kesinlikle tehlikeli ve çoğu kez bir şey ters gittiğinde ölümcüldür.

Şimdi bu durumları bir kokteylde birkaç yabancıyla tanıştırılmakla kıyaslayın. Bu insanlardan hiçbirinin bir makineli tüfek çıkartıp sizi vuracaklarına dair en ufak bir ihtimal yoktur. Hiçbiri size karşı birlik olup, sizi döverek pelteye çevirmeyecektir. Sizi tutup pencereden atmayacaklardır. Sadece, onların sizinle ya da sizin onlarla ortak bir şeyiniz olup olmadığını görmek için, tıpkı sizin onları tarttığınız gibi onlar da sizi bir parça tartacaklardır. Sonra ilerleyip başka biriyle sohbet edeceklerdir. Bu tehlikeli değildir. Bu asla öldürücü olmaz. Tamamen zararsız bir deneyimdir yine de dünyanın her tarafındaki milyonlarca insan tarafından gerçekten korkutucu ve hatta dehşet verici olarak algılanır.

"Hangi konuda konuşacağımı bilmiyorum"

Utangaç insanlardan sürekli duyduğum en gülünç şeylerden biri de, ne söyleyeceklerini bilmedikleri için, ayaküstü sohbet etmek istemedikleridir. Kendilerinin değil ama kendilerinden başka herkesin bilir göründüğü bir takım gizemli şeyler olduğunu sanıyor gibidirler veya o anda tesadüfen tartışılan belli bir konu hakkında bilgilendirilmeleri gerektiğine, yoksa o konuşmaya katılamayacaklarına inanırlar.

Bir sohbete katıldığınız ve diğer kişilerinin ilgisini neyin çekeceğinden emin olmadığınızda size şunu önereyim, herhangi bir şey hakkında konuşun. Eğer sohbet iyi giderse, iyi bir konuya rastlarsınız. Sohbet iyi gitmezse dinleyicinizin tepki vermesi ve belki de yeni bir konu açması çok muhtemeldir. Ama ne yaparsanız yapın, orada ne söyleyeceğinizi bilmeden, kafanıza balyozla vurulmuş gibi öylece durmayın. Rasgele bir yorum yapın, hiç de parlak bir yorum olması gerekmez. Konuşmayı sürdürün, hatta salata bölümünden istediğiniz salatayı seçermiş gibi yeni bir sohbet başlatın ve sonra bundan tamamen farklı bir tane seçin. Ne kadar bayat da olsa, her zaman havadan söz edebilirsiniz, ya da borsadan, veya en sevdiğiniz spor ideolüne olanlardan. Diğer kişi hakkında sorular sorun, neyle meşgul olduğunu, neler yemekten hoşlandığını, nerelere gittiğini, eğer evliyse kaç çocuğu olduğunu vesaire. Bunlar neredeyse her zaman bir sohbet başlatır.

Heyecanlandığınızda, sadece birazcık terlediğiniz için, öylece yürüyüp gitmeyin. Birazcık rahatsız olun. Eğer bu ilk rahatsız evreyi geçerseniz, kolaylıkla, sohbetin kendi kendine ilerlediği, ikinizin konuşacak ortak bir şey bulabileceğiniz ve sonra birbirinizden gerçekten hoşlanabileceğiniz bir noktaya gelebilirsiniz. Ama geçici olarak bozulacağınız ve üzüleceğiniz için; hemen kaçar ve arkadaşlık etmekten kaçınırsanız, bunu yapamazsınız. Eğer değişmek istiyorsanız, o anlık rahatsızlığa katlanmak ve sebadınız meyvesini verene kadar ilerlemek zorunda kalacaksınız.

Mahcubiyet, Küçük Düşme ve Hakaretler

Utangaç insanlar, durmadan, başkalarından uzak durmalarını, mahcubiyetten, küçük düşmekten ya da hakaretlerden kaçınmak istediklerine dair dürüst bir inançla mazur göstermektedirler. Eğer küçük düşmeler, mahcubiyetler veya hakaretlerin tam anlamıyla acı verici olduğu konusunda haklı olsalardı, başkalarına fazla yaklaşmamalarını onlara ilk öğütleyen ben olurdum. Besbelli, en güvenli hareket yönü ve de en akla uygun olanı, basit bir biçimde, rezil şeyler söylediklerinde veya size güldüklerinde sizi incitebilecekleri için, insanlarla yakın temastan kaçınmaktır. Ama bu tarz bir şey tavsiye etmem. Birinin sizi küçük düşürebileceğini düşünmem. Hiç bir şey utandırıcı değildir. Hiç kimse onurunuzu kıramaz.

Siz kendinizi küçük düşürebilirsiniz. Siz herhangi bir olayı utanç verici hale getirebilirsiniz. Ve eğer yeterince hassassanız, herhangi bir yorumu hakarete dönüştürebilirsiniz. Ama bu, sizin probleminizdir, diğerlerinin değil. Diğerlerinden uzak durmak, bu soruna kesinlikle çare olmaz. Ancak onunla mantıklı biçimde uğraşarak ve küçük düşmenin mümkün olmadığına kendinizi ikna ederek sorunu çözebilirsiniz. Aptalca bir hareketten kaçınabilecek kadar mükemmel olmanız gerektiğini düşünmedikçe, hiç bir şey sizi mahcup edemez. Size söyleneni nesnel olarak incelerseniz, onurunuz kırılamaz.

Bunun nasıl işlediğini göstereyim. Bir partide olduğunuzu ve bir fıkra anlattığınızı, ama vurucu kısmı unuttuğunuzu varsayın. Diğer insanlar gülecek ve siz küçük düştüğünüzü hissedeceksiniz. Aslında yaptığınızın bağışlanamaz olduğunu söylemektesiniz. Öylesine iğrenç, öylesine çocuksu, öylesine olgunluğunuza, yaşınıza ve zekanıza uyuşmayacak bir şey yaptınız ki, bunu yapmanız düşünülemezdi. Bu yüzden mahcup hissedersiniz. Kendinizi öylesine küçük düşmüş hissedersiniz ki, bir deliğe girip ardınızdan kapıyı kapatmaktan başka yapacak bir şey kalmamıştır.

Ama niye vurucu noktayı unutmayacakmışsınız ki? İnsanlar bunu her zaman yapar. Bu, hafızanızın hafifçe sürçmesidir ve aslında elbette yeterince zararsızdır. Ama bunu ele alış biçiminizle, şirketin başkanının üstüne çorba döktüğünüz ya da birine çelme takıp onu yere serdiğiniz zannedilir ve hayal edin, bunları yapmış olsanız bile, ben hala mahcup olmanızın gerekmediğini düşünüyorum. Yine, bu olayların inanılmaz derecede korkunç, tümüyle iğrenç ve sizin zekanıza, tecrübenize sahip biri için düşünülemez olduğunu söyleyeceksiniz. Ama neden öyledirler? Öyle olduklarını kim söyledi? Şirketinizin başkanını evinizde ağırlarken, neden başınıza bir kaza gelmesin ki veya epey uzun süredir tanıdığınız birinin ismini unutup, bu kişiyi başka birine tanıştırmakta zorluk çekmeyesiniz ki? Neden bu, böylesine korkunç olsun?

Mahcubiyet, sadece, kendinize karşı çok sert bir yargıdır. Ben ve diğer Rasyonel Duygu Terapisi terapistleri, hiç bir şey için asla kendinizi yargılamanız gerekmediğini sadık bir biçimde savunmaktayız. Davranışınızı yargılayın, yapabilirseniz düzeltin ve hatalarınızdan ders alın, elbette. Fakat kendinizi işe yaramadığınıza, değersiz, tümüyle istenmeyen veya kötü olduğunuza ve kendinizden utanmanız gerektiğine inandırmanız, düpedüz saçmalıktır. Bütün bu hareketlerle ve bundan bile çok daha kötü olanlarla kanıtladığınız tek şey, sadece bir insan olduğunuzdur. Bir insan olarak, değiştirmek için çok uğraşacağınızı umduğum tüm sersemce şeyleri yapmak için her hakka sahipsiniz. Ama bunları yaptığınızda kendinizi bağışlamanızı da ümit ederim. İşte mahcubiyet böyle yenilir. Kendinizi bağışlayın. Tamamen mükemmel olmadığınızı, çok çabalayabileceğinizi fakat hatalardan, kötü hükümlerden veya bazen duygusal kontrolünüzü yitirmekten asla kaçınamayacağınızı kendinize anımsatın. İnsan olmak işte bu demektir. Ne var ki mahcup insan şöyle der: "Kendimden daha fazla şey istiyorum... Tüm bunları kontrolüm altında bulundurduğumu sanıyordum ve şimdi, tam birinin kucağına kahve döktüğüm anda, o kadar da muhteşem olmadığımı keşfettim". Peki bunda yeni olan ne var?

Hakarete uğrama korkusu da, utangaç kimseler tarafından, başkalarından kaçınmalarına gösterdikleri en güçlü sebeplerden biridir. Bu da gereksiz bir kaygıdır. İnsanlar, siz onlara izin vermedikçe onurunuzu kıramazlar. Eğer söyledikleri doğruysa, yorumlarını değerlendirin, çok içtiğinizi ya da kullandığınız dilin kırıcı olduğunu size söyledikleri için onlara teşekkür edin ve sonra değişin. Neden bu bir hakaret olsun? Mükemmel değilsiniz ve yorumlarınızın insanları gücendirdiğini fark etmediniz, ve fark ettiyseniz bile, şimdi size kırıcı olduğunu söylüyorlar ve eğer arkadaşlığınıza önem veriyorsanız, böyle davranmayı bırakmanız iyi olur.

Fakat onların yorumlarının haksız, sizin sözlerinizin gerçekten doğrulanmış, akıllıca ve kırıcılıktan uzak olduğuna karar verirseniz, o zaman besbelli, söylediklerinizden alınan insanların basitçe yanıldıklarını düşünmelisiniz. Bu, onların sizin fikirlerinize karşı olan fikirleridir. Eğer mahcubiyetin, küçük düşmenin ve hakaretlerin ne kadar zararsız olduklarını ve siz bunu yapmalarına izin vermedikçe, asla sizi üzemeyeceklerini anlamak için çalışırsanız, başkalarıyla konuşurken gözünüzün çok daha az korkacağı konusunda size güvence verebilirim.

Saldırı

İnsanların sosyal olarak geçinememelerinin ikinci nedeni, içte yatan gücenme duygusu, kin ve çoğu kez insanın kullandığı dile ve savunma tavırlarına yansıyan gizli bir düşmanlıktır. Bunu standart bir kural olarak görün: Öfkeliyseniz, bu eninde sonunda bazı davranışlarınızla kendini belli edecek ve insanların sizden yüz çevirmesine neden olacaktır.

Yaşam kesinlikle hayal kırıklıklarıyla doludur ve hayal kırıklıklarına doğal tepki saldırıdır. Bu duygu ne kadar da normal olsa, bunu kontrol etmeyi ve normal olmamayı öğrenmelisiniz. Onun yerine sağlıklı olun.

Bir çirkin duygular barajını serbest bırakmanın bizi pek sevilen biri yapmayacağını anlamak için bir dahi olmak gerekmez. Adımız çıkabilir, ama bizim istediğimiz tanınma biçimi bu değildir. Olumlu sosyal beceriler geliştirmekten bahsettiğimizde, olumlu biçimde popüler olmaktan, insanların bizi sevmelerinden, söz ederiz, korkmalarından değil. İnsanların bizden birazcık korkması iyidir, çünkü böyle saygı görürüz. Bu meseleyi bir kenara bırakırsak (birazcık güç ve sertliğin bazen sizden yararlanılmasını önlemek için gerekli olduğunu), kural yine de, arkadaş istiyorsanız onlara karşı iyi olmanız gerektiğini onaylar. Kötü huylu ve inatçı olmak, etrafınızdakilere zorbalık yapmak, onlara bağırmak veya onları itip kakmak, onların saygısını kazanmanın yolu değildir. Onlardan saygı ya da sevgi görmez, sizden korkmalarını sağlarsınız.

Benim daha fazla dikkate almak istediğim, diğer saldırı türleridir. Şiddet dolu davranış saldırısı değil, acı alaylar, kötü niyetli sataşmalar, sürekli kusur bulma, eşinizle eski sevgiliniz arasında veya çocuğunuzla onun arkadaşları arasında kıyaslamalar yapmayla gelen saldırı. Birinin çabalarını küçümsemek, bunu bir gülümsemeyle yapsanız bile bir saldırıdır. Birinin yaptığı iyi bir şey üzerinde değil de tamamen, memnunluk vermeyen davranış üzerinde yoğunlaşmak, bir saldırıdır. Bu burnunuzun üstüne psikolojik bir yumruk yemek gibidir.

Bir şey hakkında şikayet etmek isteyip etmediğiniz, ve sonra, daha iyi düşünüp yakınmaktan vazgeçtiğiniz için mutsuz olduğunuzda, mutsuzluğunuz yüzünden başkalarını suçlamanız da bir saldırıdır. Şirket pikniğine gitmek istemeyen ama yine de kocasını memnun etmek için giden ve hiç iyi vakit geçirmeyen kadının durumunu ele alalım. Eve, ne kadar berbat zaman geçirdiği ve kocasının arkadaşlarından hoşlanmadığı hakkında sızlanarak gelir. Bu haksızlıktır ve saldırıdır.

Biriyle bir partiye gitmek ve sonra da siz arkadaşlarınızla sohbet ederken, damınızı onlarla tanıştırmadan masada tek başına bırakmak, bu saldırıdır. Başka bir deyişle, düşüncesizlik etmek, incelikten yoksunluk, kusur bulma, gerekliliği açıkça görünürken övgüde bulunmamak hep psikolojik saldırı biçimleridir. Bu hareketler dostça davranmayı, öğretmeyi ya da yardımcı olmayı değil, incitmeyi, boyun eğdirmeyi, yenmeyi amaçlar. Ne kadar iyi gizlenirse gizlensin, bu tür davranışa uğrayan kişi otomatik olarak davranışınızın gerçek niyetini hisseder. Bu birkaç kez kabul edilebilir, ama eğer bunu sürdürürseniz, saldırıya uğrayan kişi elbette bunu anlar ve o ilişkinin tabiatı kötüleşir. Bunu hiç görmeyebilirsiniz (en azından açıkça), fakat böyle devam ederseniz, çocuk, eş ya da arkadaş sonunda değişir ve siz bu değişimin üzücü sonuçlarını biçersiniz. Arkadaşınız, daha düşünceli biri için sizi terk eder. Böyle davranılan çocuklar direnç geliştirir, güç mücadelelerine girişir ve çok zıt kimseler olurlar. Eşiniz çok geçmeden alışılmış bunalım, karşı saldırı veya sevecenlik eksikliği belirtileri gösterir.

Bencillik

Kendinizi zamanın büyük bir kısmında başkalarından önde tutmak, hiç sevilmemenizi sağlayacak ve tek başına kalmanıza neden olacaktır. Çevrenizde kalan tek arkadaşlarınız, satın alabildikleriniz ya da hükmedebildikleriniz olacaktır. Sağlığa veya paraya sahipken, yaşamınızda yanlış bir şey olduğunu fark etmeyebilirsiniz ama sizi temin ederim, ikisinden birini yitirdiğiniz an, bu insanların hiçbir saçmalığınıza katlanmak zorunda olmadıklarında sizi ne kadar çabuk terk ettiğini görerek şaşıracaksınız. Neden katlansınlar ki?

Adil bir ilişki her zaman, makul ölçüde hoşnut olan sizinle makul ölçüde hoşnut olan diğerleri arasında bir dengedir. Eğer sürekli kendi arzularınızı ileri sürüyor ve başkalarınınkileri önemsemiyorsanız, aslında şımarık bir çocuk gibi davranıyorsunuz. İstediğinizi kaç kez tartışarak, itip kakarak veya başkalarını suçlu hissettirmeye çalışarak elde ettiğiniz hiç fark etmez, başkaları üzerinde saldırgan birinin yarattığı izlenimi yaratacaksınız. İstediğinizi elde edecek ve bunun için mutlu olacaksınız. Ama unutmayın, içinde yavaşça size karşı bir nefret oluşturan diğer kişide giderek daha büyük hayal kırıklıkları yaratıyorsunuz. Bu kimsenin sizinle hiç bir şey yapmak istemeyeceği gün de yakında gelecektir.

Prima donna olmayı bırakın. Her zaman söz hakkının sizde olması ve diğer kişiye en ufak bir konuşma şansı vermeden, istediğinizi söylemeniz gerektiğini düşünmekten vazgeçin. Açgözlü olmayı ve hep istediğiniz yere gitmeyi ya da istediğiniz şeyi yapmayı bırakın. Bu bencilliktir. Arkadaşlarınız ya da aileniz, ellerine geçen ilk fırsatta sizden uzaklaşıp kendi istediklerini yapacaklardır. Otuz yıl sürmüş evlilikler, taraflardan biri, tüm zamanını eşinin şikayet etmesini engellemek için harcamak zorunda kalmaktan bıkıp usandığından, birdenbire sona erebilir.

Tanrının dünyaya bir armağanı olduğunuzu ve isteklerinizin her zaman başkalarınınkilerden daha fazla önem taşıdığını düşünmeyi bırakın. İnsanlara gösterdiğiniz, hayal kırıklığına uğratılmaya dayanamayan duygusal bir bebek olduğunuz ve hiç uzlaşmaya gidemeyeceğinizdir. Sanırım Konfiçyüs karşılıklılığın insan doğasının en temel prensibi olduğu anlamına gelen bir şeyler söylemişti. Bu, size yardım edersem, sizin de bana yardım etmenizi beklerim demektir. Bu bugün size boyun eğersem, sizin de yarın bana boyun eğmenizi beklediğim anlamına da gelir. Ne kadar haklı olduğunuzu düşünseniz de, belki ben de en az sizin kadar haklı olduğumu düşünüyorumdur. Haklı olduğumuzu düşündüğümüz için istediğimizi elde etmemiz gerektiği fikrinden kurtulmak önemlidir. Bu, basitçe, sizin her şeyi herkesten daha iyi bildiğinizi söyleyen gösterişli bir tavır takınmaktır. Ve bu doğru olsa bile, eğer karşı tarafı buna ikna edemediyseniz, gerçekten sizinle aynı fikirde olmayan bu kimseyi kendinize düşman edersiniz.

Zamanın uygun bir bölümünde başkalarına boyun eğmek, uzun vadede daha iyidir. Bu kadar ben merkezci, şımarık ve bir hayal kırıklığına katlanmanız gerektiğinde böylesine tahammülsüz olmaktan vazgeçin. Çevrenize baktığınızda, ne kadar çok insanın gerçekte asla büyümemiş olduğunu görerek hayret edeceksiniz. Bu kimseler, yirmi ve yetmiş yaşları arasında hala duygusal çocuklar olabilirler. Bazı büyükanneler ve büyükbabalar, hala çocuklarını kendi çocukça tatmin olma istekleriyle yönetirler. Beni şaşırtan, bu kimselerin, insanların onlarla konuşmak, onları telefonla aramak, partilerine davet etmek ya da ziyaret etmek istememelerine ne kadar çok içerledikleridir. Gerçekten, niye ihtiyaçları karşılanmalıymış ki? Çoğu kez sonları, kafa ütüleyici olarak görülmektir. Yine de istedikleri her şeyi elde etmeleri gerektiğine inanan, bu zavallı insanlar öyle ihtişamla doludurlar ki, başkalarını hiç önemsemeyen aşırı bencil kimseler oldukları herkesçe anlaşılırken, arkadaşlarına ve ailelerine ne yaptıklarını göremezler bile.

Bu yüzden, eğer kendinizi soğumuş ve sosyal ilişkileriniz kopmuş bulursanız, başkalarını suçlamayın, kendinize, insanların sizi neden çekilmez bulduklarını sorun. Bu kendi kendini analiz konusunda acımasız olun ve eğer az önce verdiğim tanımlamaya uyuyorsanız, daha kibar bir insan olun, başkaları için daha fazlasını yapın ve istediğiniz her şeye elde etmekte ısrarcı olmayı bırakın. Olgun insanlar kısmi olarak sizin isteklerinize tahammül edemeyeceklerdir. Ama yine de onlar sizin muhtemelen en fazla samimiyeti ilerletmek istediğiniz insanlar olurlarken, siz onların en çok uzak durmak isteyecekleri bir tip olabilirsiniz.

Özet

İyi sosyal beceriler geliştirmek bize pek çok ödüller sağlayan etkinliklerden biridir. Eğer bu becerinizi geliştirmezseniz, kendinizi, yetişkinlerin geçirebileceği eğlenceli zamanların dışında kalmış bulacaksınız. Yalnız yemek yemek, sosyal olayların dışında bırakılmak, yolculuklara tek başına çıkmak, hepsi, zayıf sosyal becerilere sahip kimselerin sıkıntısını çektikleri sonuçların bir bölümüdür. Bu sonuçtan kaçınmak için, size öncelikle insanlara karşı duyduğunuz korkunun üstesinden gelmenizi; ikincisi, hayal kırıklığına uğradığınızda ve insanlara saldırgan değil iddialı bir biçimde davrandığınızda, öfkenizi yenmeye çalışmanızı; son olarak da, bencil olmaktan vazgeçmenizi salık veririm.

7

SAĞLIK VE ZENGİNLİK

Sağlık

Hayattan en iyiyi elde etmek için, ustalık isteyen işleri yapmak için iyi eğitilmiş ve bedeni fazlaca altüst olmamaya razı etmeyi bilen sağlıklı bir zihinden başka, sağlıklı bir bedene de ihtiyacınız vardır. Eğer ömür boyu sigara içmiş ve akciğerlerinizi mahvetmişseniz, yaşam kaliteniz, derin bir nefes alma yetersizliğinizle orantılı olarak azalır. Aşırı kiloluysanız ve tenis oynayamıyor, kırlarda yürüyüş yapamıyorsanız, hatta normal yürüyüş bile yapamıyorsanız, yaşam tarzınız bozulur. Fazla içiyorsanız ve karaciğerinizi harap ederseniz, ölebilirsiniz. Araştırmalar, eğer çok fazla tatlı veya çok fazla yağ yerseniz, yaşıtlarınızdan çok daha önce kalp krizi geçirebileceğinizi göstermektedir.

Kısacası, ne tür bir yaşama sahip olduğunuzu belirleyen en önemli etkenlerden biri, sağlık durumunuzdur. Bu o kadar açık bir ifadedir ki, çoğu zaman üzerinde ciddi olarak düşünülmez. Sağlığımızı, sahip olunması doğal bir şey gibi görürüz, ta ki onu kaybedene dek. Felç olsaydınız hayatınızın neye benzeyeceğini anlamak istediğiniz zaman, kendinizi bir tekerlekli sandalyeye oturtun ve üç gün bacaklarınızı kullanmayın, ve görmemenin nasıl bir şey olduğunu öğrenmek isterseniz, bir gün boyunca göz bandı takın ve hayatın neye benzeyebileceğini görün.

Sanırım anladınız. Bir araba için motorunun ayarlarının yapılması ne kadar önemliyse, sağlıklı kalmak da vücut için o kadar önemlidir. Bütün bu işin utanç duyulacak yanı, arabalar hakkında, vücutlarımıza ilişkin bildiğimizden daha çok şey bildiğimiz gerçeğidir. Ama neyse ki, Batı toplumlarının sonunda değiştiği ve sağlık konusunda çok daha bilinçli hale geldiği görülüyor. Her zaman olduğundan çok daha fazla insan diyet ve egzersiz programları takip ediyor. Nereye baksak, gazetelerde, dergilerde, bize nasıl daha uzun ve mutlu yaşamlar süreceğimizi anlatan, diyet ve egzersiz hakkında makaleler, radyo ve televizyonda da tartışmalar görüyoruz. Bu kitabı okuyan çoğunuzdan, bugün sağlık konusundaki önemli bulgulardan haberi olmayanların daha kısa ve sağlıksız bir yaşam sürmeleri muhtemeldir.

Ne Yapılabilir

Düzenli egzersiz ve diyetle yaşamanın, çok büyük yararı bulunduğuna sizi ikna etmeme yardımcı olması için, Santa Barbara, California'daki Longevity Center'dan gelen bazı bulgulara dikkat çekeyim. Bu insanlar diyette özenli olmayı tavsiye ediyorlar, sağlığı bozduğunu düşündükleri beş ana yiyeceğin ; şeker, tuz, kafein, kolesterol ve yağın azaltılmasını salık veriyorlar. Ayrıca en azından gün aşırı koşarak veya yürüyerek egzersiz yapılmasını tavsiye ediyorlar. Longevity Center çalışanlarının iddiası, bu rejimi takip eden herkesin, 2000 yılında doğmuş olsalardı bekleyebilecekleri bir yaşa; doksan veya daha fazlasına kadar yaşayabilecekleridir.

Merkezin müdavimlerinden bazıları seksen, doksan yaşlarındadır ve fiziksel olarak şaşılacak kadar aktiftirler. Pek çoğu her gün millerce koşarlar, sabit kan basınçları ve kalp ritimleri vardır ve merkezin müdürü Nathan Pritikin'e göre alışılmadık derecede sağlıklı bir grup insandırlar.

Ancak Pritikin belli bir miktar tartışma yaratmıştır ve elbette sağlık uzmanlarının tümü onun bulgularıyla aynı fikirde olmayacaktır. Ne var ki, üniversite gruplarından veya diğer özel araştırma gruplarından karşıma çıkan tüm araştırmalar, az çok aynı yönü işaret etmektedir. Neredeyse bu otoritelerin her biri bizi, yağları, tuzu, kolesterolü azaltmaya ve makul bir miktar - haftada üç veya daha çok gün, 30 dakika - egzersiz yapmaya teşvik ederler. Bu konuda hemen hemen hiç tartışma yoktur. Ve bu rejimi takip eden insanlar, etmeyenlere karşı açık bir üstünlük göstermeye başlamaktadırlar.

Yaşam Sürenizi Uzatmak

İstatistikler bize erkeklerin 70, kadınların 76 yıl civarı yaşadıklarını bildirmektedir. Belli ki, bazıları bu süreden önce ölür ve başkaları bu yaşam beklentisinin ötesinde yaşarlar. Genellikle, bir insanın genlerinin veya kendine özgü biyolojik doğasının, o kimsenin ne kadar yaşayacağını belirleyen etkenler olduğu düşünüldüğü için, birinin yaşam süresini etkilemenin mümkün olup olmadığı sorusu gündeme gelir.

California Stanford Üniversitesi'nden Dr. Ralph S. Paffenbarger, Jr, ve arkadaşları tarafından yapılan bir çalışma, egzersizin, aslında bir insanın ne kadar yaşadığı üzerinde çok kesin bir etkisi olduğuna işaret etmektedir. O ve meslektaşları, koleje 1916 - 1950 yılları arasında giren ve çalışma başladığında yaşları 35 ile 74 arasında değişen 16,939 Harvard mezunu üzerinde çalıştılar. Denekler 1960'lardan 1978'e kadar izlendi. Onlara, yürümek, merdiven çıkmak ve değişik sporlarla uğraşmak gibi faaliyetlerin yer aldığı egzersizler verildi.

Bulgular, "ölüm oranlarının fiziksel açıdan aktif olanlar arasında anlamlı biçimde az olduğu"nun ifade edildiği New England Journal of Medicine'de yayınlandı. Dahası, düzenli bir egzersiz programının, hem yüksek tansiyonun, sigara içmenin ve kilo sorunlarının, hem de 'genç ölmeye karşı genetik yatkınlığın' olumsuz etkilerine karşı koyma tesiri bulunur gibi gözükmektedir. Yüksek tansiyonu olan ve egzersiz yapan erkeklerin 'ölüm risklerini yarıdan aza indirebildiğini, egzersiz yapmayan yüksek tansiyonlularınsa en yüksek risk kategorisine girdiğini buldular.

Haftada dokuz veya on mil yürüyen bireylerin ölüm oranları, 3 mil veya daha az yürüyenlere göre %21 daha azdı. Haftada bir veya iki saat spor yapanlar, hayat beklentilerini yapmayanlara göre %24 artırmışlardı.

İçinizden düzenli egzersiz yapmayanlar, hayatını şu an için daha rahat hale getirmektedir, ama kendinize büyük bir iyilik yaptığınızı sanmayın. İşleri ertelemek üzerine tartışmamızı hatırlıyor musunuz? Yukarıdaki incelemenin önerdiği gibi, egzersizin aralarında uzun yaşamanın ve daha iyi yaşam tarzının da bulunduğu bir çok yararı vardır.

Örneğin, benim durumumu ele alın. Altmış iki yaşındayım. Sabit olarak 65 kilo gelirim ve boyum 1,70 civarındadır. Mükemmel bir iştahım vardır ve sağlığım çok iyidir. Sabah 9'dan akşam 6'ya kadar atiklikle, gün boyu öğle yemeği için bile ara vermeden, birbiri ardına müşterilerle görüşerek çalışabilirim. Genelde sandviç atıştırırım. Gün boyu yorulmam bile.

Haftada dört veya daha çok kez sabah 7'de, biraz egzersiz yapmak için kalkarım. Bir kasımın çekmeyeceğinden emin olmak için esneme egzersizleriyle ısınırım. Sonra ayak parmaklarıma değecek şekilde 20 defa eğilirim, bunu da 30 diz bükme egzersizi izler. Ardından 20 veya 30 kez oturup kalkar ve en az 40 şınav çekerim (ayaklarım yerden bir iki basamak yukarda olacak şekilde). Sonra 20 dakika jogging yapar, bir duş alırım. Tüm bu dizi yarım saat alır ve bundan nefret ederim. Ama bir şey beni rekreasyon odama indirir ve bunları sadık biçimde yapmamı sağlar. Bunu yapmadığım zaman kilo aldığımı fark ederim, öğleden sonra 2 civarında uykum gelir ve en azından haftada bir kez tenis oynamak için ihtiyaç duyduğum güce ve nefese sahip olamam.

Her ilkbahar Colorado'da bir hafta kayak yaparım. 1983'te, iki Olimpik kayakçı, Bill Johnson ve Phil Maher tarafından 1983-4 Dünya Kupası Yarışında kullanılan Aspen yarış rotasından inecek kadar kendime güven duymuştum. Bunu bir kez değil, neredeyse altı kez yaptım.

On yıl kadar önce Karaiblere yaptığım bir gezide ilk kez şnorkelle daldım. Tüm gezimin ve aslında tüm hayatımın en unutulmaz günlerinden biri, canlı deniz kabukları için daldığım gündü. Karım Marcie ve arkadaşlarımız Tom, Sallie Lunden ile birlikteydim. Küçük bir koya demirledik ve 8 metre kadar aşağıda okyanusun tabanındaki deniz kabuklarını görebiliyorduk. İlk Tom daldı ve birini muzaffer bir tavırla yukarda tutarak, su yüzüne çıktı. Bu, beni de aynısını yapmaya teşvik etti. Yolun üç çeyreğindeyken, ciğerlerimin patlamak üzere olduğunu hissettim, ama yine de dibe dokunmayı, bir kabuk kapmayı ve yüzeye yönelmeyi başarabildim. O gün bunu iki defa yaptım, ve hayatımda bundan daha fazla gurur duymamıştım. O zaman anladım ki, yaptığım egzersizler ve diyet meyvesini vermişti. Bunlar muhteşem zamanlardı, çünkü tecrübe kazanmış ve kendimi galip hissetmiştim. Benim yaşımdaki pek çok adamın yapmayı düşünmeyeceği bir şeyi yapabilmiştim.

Aerobik Sistem

Deniz kabuğu için dalabilmemde özel bir şey yoktu. Fiziksel zindelik, herkesin erişebileceği uzaklıktadır ve başlamadan önce doktorunuza danışmanız önemliyse de, devam edeceğiniz hemen hemen her egzersiz programı size yararlı olacaktır.

Tavsiye edebileceğim bir egzersiz programı, Dr. Kenneth H. Cooper tarafından bulunan ve The New Aerobics - Yeni Aerobik adlı kitabında tarif edilendir. Dr. Cooper size, yaşınızı hesaba katarak, ne kadar egzersiz yapacağınızı, hangi sıklıkta ve ne uzunlukta olması gerektiğini ayrıntılı biçimde anlatıyor. Benim yaşımda - ellinin üzerinde - biri, örneğin haftada üç kez, 3 mili 36-43.5 dakika arasında -ki bu, oldukça enerjik bir yürüyüştür!- yürümeyi hedeflerdi. Veya haftada altı kez, bir mili 6-8.5 dakikada ya da iki mili 13-16 dakikada haftada üç kez koşmayı. Hedefler yaşlara göre tablo haline getirilmiştir ve bisiklet, yüzme ve squash gibi diğer sporlar için de tablolar vardır.

Böyle bir programa başlarsanız, muhtemelen, benim gibi, ilk başta bunun gerçek bir mücadele olduğunu düşüneceksiniz, ama güçlendikçe tablolara aldırış etmeyecek, yalnızca yeterli bulana dek, daha, daha çok egzersiz yapacaksınız. Ne kadar çok yaparsanız (mantık dahilinde), o kadar iyi hissedecek ve daha fazla yapmak isteyeceksiniz. Fakat, ilerlemeniz yavaş olsa bile, buna devam edin. Önceden de söylediğim gibi, en küçük ilerleme bile ilerlemedir.

Kötü Alışkanlıklar

Sigara içmek, alkol, uyuşturucu ve yetersiz beslenme, sizi sağlığınızdan mahrum edecek ve erken ihtiyarlatacak başlıca kötü alışkanlıklardır. 1984'te Birleşik Devletler'de 200,000 kişi akciğer ve bağırsak kanserinden öldü. Sigara içenlerin kansere yakalanma olasılığı, içmeyenlerinkinin on beş katıdır. Ve bu kanser hastalarının yaşama oranı yaklaşık %70'dir. Alkolün, nikotinin ve bazı yiyeceklerin zararına ilişkin benzer istatistikler de gösterilebilir. Ve en acınası kısmı, sağlıklı bir insan olmak için bu kötü alışkanlıkların hiçbirinin tamamen bırakılmasının gerekmemesidir. İçki içer ve harika yemekler yerim, ama hepsini kararında yaparım. Tek uzak durduğum kötü alışkanlık sokaktaki uyuşturuculardır. Hiçbir zaman marihuana veya başka bir sokak uyuşturucusu denemedim. Çoğunlukla bu kimyasal maddelerin yardımı olmadan yeterince neşeli hissederim ve başka kötü alışkanlıklara başlamak istemem.

Ama size sigara ve içki içme alışkanlığımdan bahsedeyim. 18 yaşında ordudayken sigara ve pipo içmeye başladım. Sigarayı sevmedim ve kısa bir süre içime çekmeyi denedim ama akıllıca davranıp bunu bıraktım. Pipo tüttürmekten hoşlandım ama dumanı içime çekmedim. Ağzımda pipoyla konsantre olmayı ve önümde dönen dumanı seviyordum. Oturup düşünmeyi seven türde bir insanım ve bunu en sevdiğim pipomla bir koltuğa kıvrılıp yapmak çok daha hoştur.

Böylece birkaç yıl boyunca pipo içmeyi öğrendim ve lisansüstü çalışmalarımı bitirdiğim zaman püro içmeyi de öğrendim. Puroyu seviyordum ve bütün gün püro ve pipo içiyordum. Fakat on yıl kadar önce ikisini de bırakmaya karar verdim, çünkü yanaklarımda ve diş etlerimde kanser oluştuğunu görebiliyordum. Bu yüzden hepsini beraber bırakmaya karar verdim.

İçki içmek de kararında yaptığım bir şeydir. Bunu makul biçimde yaptığım sürece, ne yardan ne de serden vazgeçerim. Yetişkin hayatımın hemen hemen her gecesinde eve geldikten sonra, yemekten önce bir kadeh şarap veya viski alacağım. Bir restorana gittiğimde, neredeyse hiç değişmez biçimde, bir veya iki kadeh şarap içeceğim. Ve bir dostumun evindeyken, ne ikram edilmişse, bir iki kadehin elbette keyfini çıkaracağım. Bu, otuz senedir devam ediyor ve geçen otuz yılda bir kez bile kontrolümü kaybetmedim.

Yemek? İyi yemekten anlarım. İyi yemeğe değer veririm ve iyi restoranlarda yemek yemeyi severim. Ama aşırıya kaçmam. Çevremdekiler iştahlı olduğumu bilseler de, tıka basa yemem. Çok fazla yemişsem, tatlıyı geri gönderebilirim. Nadiren çikolata veya dondurma yerim. Eğer yersem, bir veya iki gün başka bir ikramı kabul etmem. Eğer bir gün biftek yersem, yağ ve kolesterol oranlarımı düşük tutmak için normalde, haftanın geri kalanında biftek yemediğimden emin olurum. Eğer kahvaltı için haftada iki yumurtadan fazlasını yersem, diğer günlerde yağı alınmış sütle yulaf ezmesi yemeye özen gösteririm. Mısırın üstüne yağ ve tuz koymam çünkü mısırın üstünde yağ ve tuzdan hoşlansam bile onlarsız yapmayı öğrendim. Günde üç fincandan fazla kahve, kola veya meyveli gazoz içmemeye çalışırım. Bunlar kafein ve şeker içerirler.

Genelde balık ve derisi alınmış tavuk yerim. Yemeklerin çoğu, kızartılmak yerine fırında veya ızgarada pişirilerek yapılır. Salatalarım ender olarak rokfor, bin ada veya fransız gibi kremalı soslarla ıslatılır, onun yerine limon suyu, sirkeli terbiye, vinaigrette veya biraz şarap sirkesi ve biraz yağ kullanırım. Aşırılıklar, sınırlamalarla dengelenmelidir.

Diyet Yapma

Batı toplumu endam konusunda bilinçlendiğinden beri, günde sekiz bardak su içmek ya da greyfurttan başka bir şey yememek gibi garip şeyler yaparak, bir diyetin ardından bir diğerini uygular olduk. Sanırım bu kaçınılmazdı, çünkü kilolu olmanın sağlığımız için tehlikesini anladığımızda, bir şekilde kilomuzu düşük tutmak için her şeyi göze alır olduk. Diyet yapmak bunun çözümü gibi gözüküyordu. Fakat şimdi, diyet yapmanın çoğu kez basitçe işe yaramadığını gösteren, giderek çoğalan kanıtlar ortaya çıkmaktadır. Aslında, kilo veren insanların yaklaşık %95'i, sonra verdikleri kiloları geri alacaklardır. Yalnızca bu değil, çoğu kez önceki kilolarına yenilerini de eklerler.

Vücudun, kaç kilo gelmesi gerektiği hakkında içsel bir sezisi olduğu açıktır. Vücut, bir kimsenin ulaşacağı ve eğer normal yeme biçimi altüst edilmemiş veya değiştirilmemişse muhafaza edeceği bir ağırlık olan 'belirli nokta'ya ulaşır. Ve ağırlığı bu belirli noktadan aşağıya veya yukarıya çekecek tüm teşebbüslere karşı koyar. Bunlar, toplumun sağlık ve güzellik için belirlediği standartlar tarafından değil, vücuttaki fiziksel etkenler tarafından belirlenmektedir.

Çağdaş araştırmalar, aç kalındığında, vücudun, alınan az miktardaki yiyeceği daha verimli kullandığını ve böylece kilonun korunduğunu ortaya koymuştur. Ayrıca, vücut yalnızca yağı değil, kasları da tüketir. Daha fazla kilo kaybını önlemek için vücut halsiz kalır, böylece kişi yavaşlar ve daha fazla enerji tüketmez.

Zamanla vücut, belirli bir kalori almaya alışır, fakat bu durum uzun sürmez. İnsanlar diyetlerini bozma eğilimindedirler, ama tümüyle değil. Normal yediklerinden daha az, ama sıkı bir diyetle yediklerinden daha fazla yemeye başlarlar. Vücut, az besinle yetinmeyi öğrendiğinden, bu küçük artış, kilo almalarına yeter. Bu aslında aşırı yemenin başka bir biçimidir fakat kas dokusunu yenileyeceğine, kaybedilen yağları yerine koyar. Psikolog Dr. Joseph Maciejko'ya göre bu durum birkaç kez tekrarlandığında, bir insan 'daha az ete ve daha fazla yağa' sahip olur. Kısacası, diyetten öncekiyle aynı kiloda olsa bile, kişi artık 'öncekinden daha yağlıdır'.

Ama, yeme bozuklukları üzerine bir Amerikan bülteni olan Renaissance'da yazan Dr. Maciejko'ya göre, bu, hikayenin sonu değildir. Her diyet uygulanışında, vücut bu durumu hatırlar ve bariz olarak kilo kaybetmek için daha az etkili olur. Örneğin, bir laboratuar faresi önce diyete sokulup daha sonra normal yemesi sağlandığında, kaybettiği kiloyu alacaktır. Ama ikinci kez diyete sokulduğunda, aynı miktar kiloyu kaybetmesi iki kat uzun sürecektir. Bu olduktan sonra üç kat uzun sürecektir.

Berkeley'deki California Üniversitesi'nin raporları da aynı bulguları göstermektedir: Kaloriyi azaltmak, kilo vermek için yeterli olmayabilir. Aynı işi yapsalar bile şişmanlığa eğilimi olan insanların diğerlerinden daha az kalori harcayacağı açıktır.

Kilo kontrolü ile ilgili son söz belli ki henüz söylenmedi ve hepimize yakışan, konuyla ilgili, dergilerdeki makalelerle, sağlık mektupları, kitaplar ve konferanslarla teması korumaktır. Ofisimde ortalıkta sergilenen birkaç sağlık dergisine aboneyim. İyi beslenme alışkanlıkları, düzenli egzersiz ve genel sağlığın püf noktalarına ilişkin en son bulgular hakkında beni bilgilendirmeyi sürdüren sağlık yayınları alırım. Kendilerine özen gösteren insanlar bunlar üzerine bilgi edinmek için çaba gösterirler; bu konularla ilgili okumaya veya televizyon programları izlemeye vakit ayırırlar. İyice bilgilenirler, böylece yaşamları üstünde kontrol sahibi olabilirler. Bu ne kadar akla uygundur.

Size burada verdiğim bilgi, eğer buna uyacaksanız, ne kadar eksik de olsa, daha sağlıklı ve uzun yaşamanıza yardım edecektir. Daha aktif, daha iyi görünüşlü ve güçsüz veya çok şişman olsaydınız yapamayacağınız aktivitelere katılabilmekten duyacağınız zevki de unutmayın.

Zenginlik

İnsanların kendilerini ihmal etmelerinin pek seyrek olmayan bir biçimi de, paraya, bazı mali gerçekleri bilselerdi vereceklerinden çok daha az önem verişleridir. Pek çok insanın elinden hayat boyu büyük miktarda para geçer. Bazıları bunu, sonunda iyi bir emeklilik geliri elde edebilecek kadar iyi kullanırlarken, diğerleri, kendilerini iflas etmiş bulurlar. Ve tabii ki her zaman, tüm yaşamları süresince çok tatminkar gelirlerinin keyfini süren, üst sınıfta yer alan ama paraya, nasıl kullanılacağına veya nasıl çoğaltılacağına aldırmadıkları ya da bunları anlamadıkları için, paralarını aylar yıllar boyunca, fiyaka dolu bir düşkünlükle har vurup harman savurmuşlar ve sonunda neredeyse hiçbir şeyleri kalmamıştır.

Kendinizi ihmal etmenin en üzücü yollarından biri de, basit bir biçimde, parayı kullanma konusunda aptal olmaktır. Bu kitapta birkaç kez vurguladığım gibi, para, büyük konfor, psikolojik güvenlik, sağlık ve nüfuz getirir. Ve sanırım bütün bu sonuçlar, mücadele etmeye ve planlar yapmaya değer. Para kesinlikle, bunları elde etmenin çok namuslu ve pratik bir yoludur.

Fakat daha önce de gösterdiğim gibi, en büyük problemlerden biri, paranın kötü bir şöhreti olmasıdır. İnsanlar para kazandıkları için suçluluk duyarlar, kazançlar, karlar, tasarruflara bu kadar büyük bir öncelik verdikleri için, pinti, eli sıkı, cimri ve safi iğrenç olarak adlandırılırlar.

Bu gülünç fikirden kurtulun, yoksa aynı fikirlere sahip diğerleriyle beraber, yitip gidersiniz. Para, insanların ne kadar çalıştıklarını göstermelerinin uygun bir yoludur. Parası, ona miras kalan birinin durumunda ise, bu, özellikle böyle değildir. Ama miras kalan para bile, çok çalışmış, ya da bazı durumlarda sadece, petrol bulacak, bir altın damarına rastlayacak veya eyalet piyangosundan birkaç milyon dolar kazanacak kadar inanılmaz derecede şanslı biri tarafından edinilmiş olmalıdır.

Böyle çabuk yollardan servet yapan birkaç şanslı kimseyi bir kenara bıraktığımızda, eğer temel kuralların bazılarını biliyorsanız mali açıdan bağımsız hale gelmenin, yavaş fakat daha emin bir yolu kalır. Bu temel kuralları öğrenirseniz, kendinize en büyük yardımı yapmış olursunuz, hem de ailenize yararınız dokunur. O zaman, fabrikaları kapandığında, başka bir iş aramak zorunda kalan, fakat istihdamın daha iyi olduğu başka bir eyalete yerleşmenin kolay bir şey olmadığını gören bazı müşterilerim gibi olmazsınız. Bu insanların bazılarının, yirmi yıl boyunca iyi paralar kazandıklarının göstergesi olarak yalnızca bir arabaları vardı. Bazıları, kirada olduklarından, kendi evlerinin hissedarlığına bile sahip değillerdi. Bazılarının antikaları ya da nakit paraya çevirebilecekleri hiçbir şeyleri yoktu, çünkü kazandıkları hemen hemen her şeyi harcamışlardı. Gelirler kesilince ve iş kuruyunca, kendilerini aynı yirmi yıl önce hiçbir şeyleri olmadığı zamanki durumlarında, sokakta bulmuşlardı.

Bu, mali bir felakettir ve neredeyse tamamen lüzumsuzdur. Bu insanlar, paralarını ve eşyalarını alıp, evlerinin önündeki kaldırıma koyup uzaklaşsalardı olacağı kadar kesin bir biçimde, kendilerini ihmal etmişlerdir. Sonunda meteliksiz, ümitsiz, bunalmış olmaları adeta buyurulmuştur, çünkü günübirlik yaşadıkları iyi zamanlar dışında, yıllar boyu süren çalışmayı gösterecek hiçbir şeyleri yoktur, şimdiyse, işsizlerdir ve hiçbir önem taşımazlar. Bir hatırayı yiyemez, onunla yaşayamazsınız. Eğer gelecek için bir kenara para ayırmazsanız, ilerde sıkıntı çekersiniz. Bu, tam bir işleri erteleme biçimidir. Bugünkü gücünüzü çalışamayacak hale geleceğiniz günler için kullanmazsanız, bir işi kendi istediğiniz şekilde yaptığınızı söylemeniz ya da bir işte çok yetenekli olduğunuzu düşünmeniz çekeceğiniz sıkıntıları hafifletmeyecektir.

Mark Olver Haroldsen, İçinizdeki Mali Dehayı Uyandırmak adlı kitabında, nüfusun yarısının paranın çoğaltılması hakkında sadece çok belirsiz bir fikri olduğuna dikkat çekiyor. İnsanlara, iki teklif sunma probleminden alıntı yapıyor. İlki, size, otuz beş gün boyunca, günde 1000 dolar alma seçeneğini veriyor ve ikinci seçenek de 1 cent alıp bunu 35 gün boyunca her gün iki katına çıkarmak. Hangi teklifin en iyi olduğunu düşünürdünüz?

İlk seçeneğe göre, 35 günün sonunda 35,000 dolarınız olacağı apaçıktır. Fakat, 1 cent alıp bunu 35 gün boyunca her gün iki kat artırırsanız, 35. günde sersemletici sayıya; 171,798,691.80 dolara sahip olurdunuz.

Maliyeyle ilgili hangi kitabı okusam, şu tavsiyeyle karşılaşırım: Eğer mali açıdan bağımsız olmak istiyorsanız, yaşınız ilerledikçe paranızı biriktirmeli, bununla yatırım yapmalı ve çoğaltmalısınız. Tüm otoriteler, kendi mali planınızı yürütmek istiyorsanız ve bir petrol kuyusuna rastlamadıysanız, kendinize, zor gün parası olarak, kazandığınız her şeyin %10'unu vermenizi kuvvetle önermektedir. Bunu hiç harcamayın, izin verin yalnızca biriksin.

Bir işe, mülke, koleksiyonlara, pullara, hisse senetlerine vb. yatırım yapacak kadar paranız olduğunda, bunları yapın. Bırakın, biriktirdiğiniz para sizin için çalışsın. Bu dolarları, işçiler, siz yatağınızda uyurken, veya tatildeyken ya da hafta sonlarında aylak aylak gezinirken bile sizin için bir şeyler yapabilen, büyük güce sahip devler olarak düşünün. Bu dolarlar, eğer onlarla nasıl yatırım yapacağınızı bilirseniz, her zaman çalışırlar.

Zor gün paranız olduğunda, size, bunun hiçbir kısmını asla harcamamanız tembihlenir. Daima, kazandığınızdan daha azıyla yaşayın. Ve daha fazla kazandıkça, kendinize daha fazla yedek para verin. Emeklilik çağındaki 100 kişiden yalnızca birinin zengin olduğu tahmin edilmiştir. Eğer 5000 dolar alıp bunu %5'ten 15 yıllığına yatırsaydınız, 10,395 dolarlık bir toplamınız olurdu. 5000 doları %10'dan yatırsaydınız, 15 yılda 20,886 dolarınız olurdu. Şimdi, dikkat edin, bu sayılar belli bir zamanda yatırdığınız toplu bir miktar için geçerlidir. Ama yatırımınıza her yıl belli bir miktarda para ekleyecek olsaydınız ne olacağını görelim. 5000 dolar, her yıl %5'ten on beş yılda 133,288 dolar ederdi. Cebinizden çıkarıp yatırım yaptığınız gerçek para, 15 yıl boyunca 5000 dolar, yani 75,000 dolar olacaktı. Yatırdığınız paradan 38,275 dolar kazanmış olacaktınız. Ve %5 bugünlerde çok düşük olduğu için, faiz oranı konusunda daha gerçekçi olalım ve %10 sayısını kullanalım. Her yıl %10'dan 15 yıllığına 5000 dolar yatırsaydınız, 174,749'luk bir toplam alırdınız. Burada net faiziniz neredeyse 100,000 dolardır ve paranızı iki katından fazlasına çıkarmışsınızdır. Şimdi, bunu 15 yıl için değil de 30 yıl için yaptığınızı düşünün. Zaman, mali açıdan bağımsızlık sağlamakta çok önemli bir etkendir. Örneğin, paranız %10 faizle, her 7.2 yılda ikiye katlanır. Öyleyse faizin %10'unu kendinize garanti edebilseydiniz, paranız yaklaşık 15 yılda iki kez katlanmış olurdu. Ve eğer 30 yıllığına para yatırmaktan söz ediyorsak, paranız dört kez ikiye katlanırdı. Örneğin, 30 yıllığına %10'dan her yıl 1000 dolar yatırabilseydiniz, 30 yılın sonunda çabanız için 180,943 dolarınız olurdu. Hatırlatayım, bu sadece yılda 1000 dolar. Bu kadarını kuru temizlemeye veya belki çimenlik ve bahçe malzemeleri ya da elektronik bir alete, dışarıda yemeye veya tatillere harcarsınız. Parayı çoğaltmanın güzelliği de buradadır.

Ben bir ekonomist değilim ve para konusunda bilmediğim pek çok şey var. Bu yüzden, bu tartışmayı daha ileri götürmek istemiyorum, çünkü bu işin acemisiyim. Ama parlak ve eğitimli olmanın parayla ne yapılacağını bilmek anlamına gelmediği konusunda sizi uyarmak istiyorum. Hayatlarını konforlu yapmaya yetecek kadar çok para kazandıran işler için eğitilenlere, eğitimlerinin bir parçası olarak paralarıyla nasıl yatırım yapacakları öğretilmez. Bunların bazılarını öğrenmem gerekenden çok daha sonra öğrendim ve paramı daha makul biçimde kullanmaya yıllar önce başlamadığıma üzgünüm.

Tavsiyeler

Yarın ölebileceğiniz için bugünü yaşamak isteme tutumunu benimsemeyin. Bu gerçekten de pek doğru değildir.

İşin doğrusu, gelecek yıllarda muhtemelen ölmeyeceğinizdir. İşte bu nedenle sigorta şirketleri sizi sigortalamak için isteklidir.

Çevrenizdeki üniversitelerde veya ülkede gezen uzmanlarca gazeteye ilanı verilen para yönetimi derslerine gidin. Bu mal oldukları birkaç dolara pekala değerler, yani eğer size para yönetimi hakkında bir şey öğretebiliyorlarsa. Bunlardan bazıları, size bir yatırım programı ya da gayrimenkul alımı konusunda bir kurs, vesaire satmak ister. Hiçbiriyle ilişkim olmadığı için bunlar üzerine yorumda bulunamam. Ama bana hisse senetlerini, sigortayı, vasiyetnameleri, ortak sermayelerini ve bankaları öğreten üniversite dersleri almıştım. Kurs, bir konuya giriş kursuysa daha da iyidir.

Para yönetimi üzerine kitaplar okumanızı salık veririm. Veya eğer bu size fazla gelirse, en azından haftalık ya da aylık bir ekonomi dergisi alın. Böyle iki yayına abone oldum ve bu düzenli bilgi edinme sonucunda hep daha fazla şey öğrendim.

Paranızın birazıyla yapabileceğiniz en önemli şeylerden biri, bir mali müşavirden danışmanlık almanızdır. Özellikle, hizmetinden başka satacak bir şeyi olmayan birine gitmenizi tavsiye ederim. Böyle biri, sigortasını, gayri menkul planlarını veya bunun gibi bir şeyi size yutturmaya çalışmıyordur. Sadece sizi paranızla ne yapmak istiyorsanız onun için eğitmektedir ve bu en iyi biçimde harcadığınız para olabilir.

Para yönetiminin nasılsa genel bilgi olduğunu ve başka herhangi biri kadar bunu sizin de bildiğinizi varsaymayın. Bu, basitçe, doğru değildir. Bu, neden bir klinik bir psikologa gitmeleri gerektiğini merak eden insanlarda karşılaştığım aynı çıkarımdır. Onlar da, bizim üniversitede bu konuyu çalışmak için sekiz yılımızı harcadığımızı tamamen göz ardı ederek, insan davranışı hakkında tüm yanıtlara sahip olduklarını düşünürler. Sıradan bir kişinin, insan etkileşimi ve psikopatoloji konusunda bilgi sahibi olmadığını ben biliyorum. Benim danışmanlığım için harcanan paranın genelde iyi harcanmış olacağına içtenlikle inanıyorum. İşini bilen bir mali danışman veya teknisyen hakkında da aynı tavrı takınırım. Hepimizin uzmanlıkları vardır ve bizim bildiğimiz bir şeye ihtiyacınız olduğunda bizi aramanız anlamlıdır.

8

BAŞINIZI DİK TUTUN

Bu sayfalar boyunca benimle birlikte olduğunuz için teşekkür ederim. Umarım yazdıklarım ikna edici olmuştur ve sizi, kendinizle daha fazla ilgilenmeniz için teşvik edecektir. Bu, hayatınızın geri kalan kısmı için çok enerji gerektiren bir iştir. Biri toplumdan ve diğeri de kendi içimizden gelen, hep sizi küçültmeye eğilimli baskılar vardır. Bu iki baskı, sizi değersiz ve önemsiz görürler. Bunların değişmez varlığının farkına varmadığınız sürece, sonunda, sizin aşağılığınızı ve değersizliğinizi bildirmeleri karşısında pes edersiniz.

Bu kitapta size, bu değersiz olduğunuzu söyleyen dış ve iç seslere nasıl direneceğinizi göstermeye çalıştım. Başınızı dik tutun ve yüreğinizi umutla doldurun. Dünyanın kötümserliğinin sizi umutsuzluk mesajlarında boğmasına izin vermeyin. İnsan ırkının bir üyesisiniz, dünyamızdaki en seçkin eser. Mükemmel olmamanıza karşın, kusurlu olduğunuzdan çok daha fazla yeteneklisiniz.

Eğer onları değiştiremiyorsanız kendinizi kusurlarınızı kabullenin. Yine de size yol gösterilirse ve çok çalışırsanız zayıflıklarınızı ve kusurlarınızı, yaşamdan keyif almanızı engellemeyecekleri dereceye indirebilirsiniz.

Kendinizi ihmal etmekten vazgeçin. Eğer kendinize yararınız dokunmazsa, başkalarına da dokunmaz. Sağlığınıza ve paranıza, duygularınıza, ilerki yıllarda büyük pişmanlık ya da büyük sevinç duymanıza yol açacak kritik kararlarınıza özen gösterdiğinizde ve hayatınızın kimin kontrolü altında olduğuna dikkat ederseniz, kendinize ve başkalarına daha etkili biçimde yararınız dokunacaktır.

Başınızı dik tutun, çünkü siz eşsizsiniz. Zayıf yanlarınızla bile alınyazınızın gerektirdiği kadar yeteneğiniz, zekanız ve beceriniz olduğu için gurur duyun.

Başınızı dik tutun ve dünyayla merak ve nezaketle yüzleşin. Aynı biçimde karşılık vermeyecek başkalarından çok daha sık. Ama aynı biçimde karşılık vermeseler de, onların kötü insanlar olmadıklarını, sizin gibi, yalnızca mükemmellikten uzak olduklarını kalbinizin derinlerinde bilerek, onlara karşı sert olmakta duraksamayın. Ama siz kendinize değer verdiğiniz için, onların sizi kötüye kullanmalarına izin vermezsiniz.

Bu dünyada ne kadar yılı geride bıraktıysanız, onları iyi kullanın. En derin arzularınızı ve ihtiyaçlarınızı makul bir dereceye kadar tatmin edin. Ve daima, kendinize, en çok sevdiklerinize göstereceğiniz ilgiyi ve özeni gösterin. Başkalarına saygı gösterip kendinize göstermemek, en iyi niyetlerinizi maskaralığa dönüştürür. Bunun bir örneğini kendinizde vererek, başkalarına kendini kabul etme erdemini öğretin.